股市晴雨表
道氏理论深度解析

THE STOCK MARKET BAROMETER

[美] 威廉·汉密尔顿 著　　谢真真　江海 译

四川人民出版社

目录

前　言

　　著作的前言往往是作者的辩解，抑或是对著作不足之处进行澄清。本书无须辩解，如有某些内容未能完满表达，则为笔者一人之咎。然则此书须向道琼斯公司总裁克莱伦斯·W. 贝伦（Clarence W. Barron）先生和道琼斯通讯社经理约瑟夫·卡什曼先生（Joseph Cashman）允许笔者引用道琼斯股票价格平均指数致以最诚挚的感谢；向笔者在华尔街报业的老伙伴查尔斯·F. 兰肯（Charles F. Renken）允许笔者引用其编撰的平均指数图表进行说明，表示最诚挚的感谢。

W. P. H

威廉·彼得·汉密尔顿

第一章
周期与股市记录

已故的英国经济学家威廉姆·斯坦利·杰文斯秉性质朴，其著作也通俗易懂，可读性很高。他曾提出一个揭示了市场恐慌与太阳黑子活动有关的理论。他列举了自 17 世纪初以来的一系列日期，这些日期都表明这两种现象之间存在明显的巧合性。两个世纪之前缺少可信的太阳黑子数据，因而杰文斯对一场不光彩的商业紧缩进行了简单化的阐释，这在当时是完全合乎人之常情的一种方式。1905 年初，笔者曾在《纽约时报》上发表了一篇关于杰文斯理论的评论，提出尽管华尔街对"市场恐慌—繁荣"循环周期的存在已经深信不疑，但在市场剧烈波动的时候完全不会在意太阳黑子的数目是否足够连成同花或者顺子。那时笔者还年轻，总会意气鲁莽，喜欢一意孤行。或许应该换另一种更委婉的说法，那就是，偶然的周期性重合关系毫无意义，正如美国总统竞选总会发生在闰年一样。

许多经济学教授和谦虚好学的商界人士，乃至一些头衔不大的研究者，都对人类活动的周期性坚信不疑，他们的这种坚信是深刻的、合理的。人们不需要理解爱因斯坦的相对论就能认识到，我们这个世界的道德水准不可能呈直线发展。这个发展轨迹至少类似于我们的星球沿着轨道围绕太阳运动一样，同时又在其他星球的围绕下一起向织女星系靠近。诚然，诗人们也相信这种周期理论。拜伦的长诗《恰尔德·哈洛尔德游记》（*Childe Harold*）中有一段很精彩的诗文，包括从之前的省略号位置到"梅塔拉之塔"（Metella's Tower）为止。拜伦认为的周期是这样的：

> 人类所有的故事都有同一个主题；
>
> 不过只是过往的轮回；
>
> 从自由到荣华，从荣华到衰落，
>
> 财富，邪恶，腐败，和野蛮随后接连而至；
>
> 历史啊，不论篇幅多么壮阔，
>
> 内容却如出一辙。

在经济恐慌与繁荣的交替之间似乎也存在一种周期性。任何人只要对现代历史有所了解，都能回想起经济恐慌的几个时期——1837 年、1857 年、1866 年（伦敦的奥弗兰—戈尼尔银行危机[①]）、1873 年、1884 年、1893 年、1907 年，也许还可以加上爆发了通货紧缩的 1920 年。这些数据表明，经济恐慌之间存在着一段长短不一的经济平稳期，并且存在越来越长的明显趋势。在后续的章节中我们会深入分析这种周期理论，探讨其可能具有的应用性。

▷ · 周 期 性

然而，这种周期论的理论基础和运作假设就根植于人的天性之中。经济繁荣使人奢靡狂热，而此种行为造成的后悔心理又导致经济萧条。经济恐慌最黑暗的时候来临时，工人们会对任何所得心怀感激，依靠更加微薄的工资一点一滴地积蓄。同时，资本家也会对少许的利润和迅速的收益感到满意。1893 年的经济恐慌[②]过后，美国铁路体系大都经历了机构重组，由此可见，这种调适期是不可避免的。调适期过后，很快我们觉察到，收入超过了开销，货币出现贬值，冒险主义情绪再度抬头。我们从萧条或平静的经济时期进入了真正的经济活跃期。随着事态的逐渐发展，投机行为持续蔓延，金融利率不断攀升，高利率、高工资和其他类似的现象都在出现。数年经济景气时期过后，商业发展的链条到了最薄弱

---

① 1866 年，英国伦敦的奥弗兰—戈尼尔银行发生危机，需要大量现金兑现给大客户，英国中央银行拒绝伸出援手，进而银行倒闭。

② 1893 年美国经济危机是由于过度投资修建铁路形成泡沫，最后泡沫破灭而引起的。

的环节。1907年就发生了一次类似的经济崩溃①，经济萧条引起股市崩盘和商品价格暴跌，随之而来的是大规模失业，人们在银行的储蓄通常会增加，但缺失能够用于创业的资金。

▷· **对晴雨表的需求**

让我们再读一遍拜伦的诗句，探究其中是否也有类似的意味。如果我们不能把诗歌中的想象力用在对经济的探讨中，那探讨本身也就没有什么价值了。然而很不幸，经济危机恰恰是由于过多的想象力才引发的。我们需要的是一种客观的参照指标——股票价格指数和平均指数，它们能告诉我们现在走向如何和将来可能面对的情况。在众多的参照指标中，最优质的就是股票交易的平均价格，因为它最公正，也最无情。早年间，这些指数的构成不断发生变化，证券的种类也更少些，然而道琼斯公司的新闻服务部门30多年来把这些变化都持续地记录了下来。

通过某种方法解读这些指数，能够带来卓有成效的结果，尽管这些解读有时候既不能使乐观主义者满意，也不能使悲观主义者满意。晴雨表能预测不好的天气，并不需要现在的天空布满乌云。暴雨将至，可怜的布朗太太在后院种的白菜将被摧毁，此时选择拿起斧头去对抗暴雨是没有用的。过去

---

① 1907年美国发生金融危机，当时纽约证券交易所从前一年的高峰期，下跌了接近50%。"1907年恐慌"在美国经济衰退的时候发生，多家银行和企业破产。

多年来，笔者一直在发表的文章中试图利用已故的《华尔街日报》创始人查尔斯·H.道（Charles H. Dow）的方法，虽然现在就断定道氏分析股票价格运动的方法屡试不爽还为时过早，但只要有人敢冒险使用我们讨论的这个思路解读晴雨表，就能深深体会到布朗太太的白菜被大雨摧毁而产生的自责与愤慨。

▷· 道氏理论

究其根本，道氏理论其实很简单。道氏指出，在股票市场的发展过程中同时存在三种运动。其中最重要的是基本运动，就像 1900 年麦金莱再次当选美国总统时，股票市场进入牛市阶段，并在 1902 年 9 月发展到顶峰。1901 年北太平洋铁路公司股票抛售造成的股市恐慌都没能停止这轮牛市发展，而仅仅使其稍做调整。再如，1919 年 10 月开始的熊市，在 1921 年 6 月到 8 月间落到了低谷。

后文将说明，股市中的基本运动通常会持续发展至少一年以上的时间，甚至还要更久。在股市基本运动过程中，还伴随着道氏理论所说的次级运动，表现在熊市时期价格剧烈反弹或者牛市时期价格剧烈下跌。1901 年 5 月 9 日的股市崩盘就是后者的一个典型例子。在股市次级运动中，工业企业（与铁路企业相区分）有时候能比铁路企业更迅速地恢复，有时候则截然相反，是铁路企业领先。然而必须强调的是，20只活跃的铁路股票和 20 只工业股票即便在股市主要运动中，也会出现交替上涨的情况。在 1919 年 10 月开始的漫长的熊市中，铁路股低迷，与工业股相比不够活跃，也不受人们重视，这显然是由于铁路企业的所有权被划归政府并得到政府的担保。这些铁路股脱离了投机领域，便不能对投机性质的晴雨表正常地施加影响。但随着私有领域的发展，这些铁路企业势必再次恢复旧日的影响力。

▷ ▸ 道氏理论的含义

道氏指出，伴随着股票市场的主要运动和次级运动，还有一种持续的运动贯穿其中，那就是自始至终存在于股市的日常波动。这里必须指出，平均指数对于个股投机活动是具有欺骗性的。如果投机者通过解读平均指数，认为 1901 年 5 月会出现一次次级下跌运动，因此在所有的股票中深信不疑地选择了卖空北太平洋的股票，那么结局会是怎样的呢？有些股票交易者确实这样做了，然后他们要是能在 65 点时回购平仓就已经很幸运了。

在实践中，道氏理论引申出了很多含义。其中发展最成熟的一个含义是，两种平均指数能够互相验证，而且通常在任何一次基本运动或者次级运动中它们都能够保持一致。仔细研究这些平均指数就会发现，股市有时会经历连续数周窄幅波动的盘整阶段。例如，当工业板块股票在不低于 70 点或不高于 74 点时卖出，而铁路板块股票则在不高于 77 点和不低于 73 点卖出。从专业角度而言，这称为"做线"（making a line），经验表明，"做线"揭示了股市在一定时期的派发或者累积行为。当这两种平均指数均高于这条线的最高点时，预示着强劲的牛市即将来临。同时，也可能预示着熊市时期的次级反弹，就像在 1921 年，这种现象意味着一波牛市运动来临，而且一直持续发展到了 1922 年。

然而，如果这两种平均指数都跌破了做线的最低水平，显然就意味着股票市场已经发展到了气象学家们所说的"饱和点"，"降雨"随之而来，比如牛市时期会发生次级下跌运动，抑或像 1919 年 10 月那样发生基本的熊市运动。1914 年纽约证券交易所关闭[①]之后，被选中用来对比的工业股票从 12 只增加到 20 只，这似乎会使平均指数更加复杂化，特别是像通用电气这样的工业股票价格大幅波动，因而工业指数的波动比铁路指数的波动更加引人注意。然而，平均指数的研究者们通过研究这 20 只被选中股票的历史发现，这些股票的波动历史记录与最初选中的 12 只股票的波动历史记录几乎每天都是完全一致的。

▷ ▸ 道 琼 斯 指 数 标 准

尽管有着众多的模仿者，道琼斯指数依然是普适标准。解读道琼斯指数的方法不计其数，却没有任何一种能够像道

---

① 纽约证券交易所在一战发生后不久（1914 年 7 月）被关闭，但是这一年的 11
月 28 日又重新开放。

氏理论一样经受住各种考验。其他理论的弱点在于被表面的相关性所迷惑而掺杂了一些相关的因素。一直有人试图把成交量与解读大宗商品指数联系起来，这种行为其实是多此一举的。但是显然平均指数已经把这些因素都考虑在内了，正如晴雨表会考虑所有影响天气变化的因素一样。价格运动代表了华尔街的整体认知程度，最重要的是，代表了华尔街对未来趋势的整体认识。

华尔街没有人是全知全能的。据笔者所知，在亨利·H.罗杰斯①（Henry H. Rogers）时代有一个"标准石油集团"，这个集团多年以来对股票市场的预测一直都是错误的。因为掌握"内部消息"是一回事，而明白股价将如何据此进行变动则是另外一回事。股票市场代表着所有人所了解、希望、认为和预期的每一件事，而这一切就像多利弗（Dolliver）参议员在美国参议院发言时引用一篇《华尔街日报》刊登的社论中所说的那样，最终要接受"市场的冷酷判决"。

① 1882年，约翰·D.洛克菲勒（John D. Rockefeller）创建了世界第一家托拉斯——标准石油托拉斯，亨利·H.罗杰斯是合伙人之一。

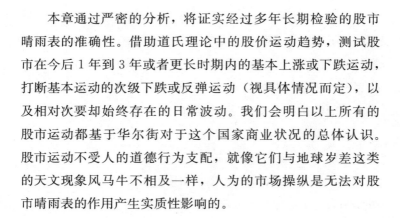

第二章

电影中的华尔街

本章通过严密的分析，将证实经过多年长期检验的股市晴雨表的准确性。借助道氏理论中的股价运动趋势，测试股市在今后 1 年到 3 年或者更长时期内的基本上涨或下跌运动，打断基本运动的次级下跌或反弹运动（视具体情况而定），以及相对次要却始终存在的日常波动。我们会明白以上所有的股市运动都基于华尔街对于这个国家商业状况的总体认识。股市运动不受人的道德行为支配，就像它们与地球岁差这类的天文现象风马牛不相及一样，人为的市场操纵是无法对股市晴雨表的作用产生实质性影响的。

▷ ▸ 电影与情节剧

根据笔者获知的消息来看，操纵市场这个问题根本无须辩解，因为华尔街如果清白无辜就不会被告上法庭。任何地方的任何市场都有各种各样的可能性爆发损害市场记录的丑闻。在过去，如果指明不受感情支配也不受人性影响的市场与这些偶发的丑闻没有任何关系至少会让一些人备感沮丧。但是，我们当中感情用事者的比例远远大于理性思考者。前者的人数众多，以至于笔者必须向他们做出让步。就算笔者拒绝为股市辩解，同时也应该考虑为本初子午线辩解。在这里援引美国前任总统格罗佛·克利夫兰（Grover Cleveland）常说的一句名言："我们面对的是一种状况，而不是一种理论。"

在普罗大众的想象中，华尔街是一个既令人惧怕又精彩万分的地方，我们可以称之为"电影中的华尔街"。英国人所称的"电影"代替我们祖辈生活时期的传统情节剧，进入了我们的现代生活。然而这两种表现形式的特点却惊人地相似。电影中的恶棍和荡妇在现实生活中找不到任何接近的形象，但为了能够让从来没有见过原型的观众满意，演员们必须极力表现出恶棍和荡妇的典型行为。很多年以前，英国编剧杰罗姆·K.杰罗姆（Jerome K. Jerome）曾提出一条舞台规律。他指出，在英国戏剧的舞台上，如果丢失了一张3先令6便士办的结婚证明，很快婚姻就会被判定为无效。如果有人死亡，财产的继承权就落到了能弄到遗嘱的人手里。如果有钱人死之前没有立遗嘱，那么他的财产就由血缘最近的人继承，那个人刚好就是坏人。在那个时代，舞台上律师们的形象与现实中无异，侦探看起来目光锐利，而金融家们则看起来形象不佳，有损尊严。

▷ 小说中的金融家

我们的现代金融家在荧幕上，尤其是在特写镜头中的形象也是如此，这其实并不是什么新鲜事。笔者还记得多年前在一本杂志上读过一篇短篇小说，是关于詹姆斯·R. 基恩[1]这类金融家操纵股票市场造成动荡的故事，小说配的插图非常形象，甚至令人毛骨悚然。其中一张插图里，基恩或者画中的人物原型夸张地弓着背，死死盯着统一证券交易所（Consolidated Stock Exchange）的自动报价器！可以推测得出，他正在以 10 股一手的巨额成交量冲击股票市场。只有像基恩这样的人才能做到如此，也只有电影中的基恩式的形象能够操纵股市。这篇小说的作者——埃德温·利弗摩尔[2]当时正在为纽约《环球》（*Globe*）杂志撰写晦涩难懂的财经短文浪费着自己的才华。毫无疑问，当时的他感到怀才不遇，非常失败。但是，也许他也应该感谢自己。下面这段文字出自他1901 年出版的短篇小说《松节油崩盘记》（*The Break in Turpentine*），描述了股市操纵者的形象。

"现在的股市操纵者们是与生俱来的，而不是后天养成的。掌握操纵的艺术是最难的，因为操纵股票的最佳境界是

---

① 詹姆斯·R. 基恩（James R. Keene, 1838—1913），美国知名股票经纪人，曾成功操纵了美国钢铁公司和联合铜业公司的股票销售活动。

② 埃德温·利弗摩尔（Edwin Lefevre, 1871—1943），美国记者、作家及政治家，他最为人所称颂的是他有关华尔街的著作。

看起来毫无痕迹的。任何人都能购买和出售股票。然而，并不是任何人都能在出售股票的同时给别人一种他是在购买股票的印象，从而推高股价。这要求操纵者胆量过人、判断精准、极度虚伪、心思敏捷。既要充分了解股市的技术层面，又要对人性了如指掌；既对赌博心态有深入的研究，又必须长时期积累和华尔街人士打交道的经验，熟知美国人民的美好、奇妙的想象力。更不要说还得充分了解他们需要雇佣的各位操盘手的特长、不足和个人性格，当然还要了解雇佣他们的不同价钱。"

以上是专业性很强的小说中对股市操纵者的描写。顺便说一下，同样是艺术作品，小说对金融家人物形象的刻画比起情节剧或者电影要更真实、更体面。然而这篇小说没有重点描写更深层次的价值观和商业状况，这些才是使市场操纵行为成为可能的必要条件。真实情况比文学作品更加怪异，也许更加难以描述。当然，笔者此言极有可能会引来不同意见的反驳。

▷‧ 高顶礼帽与做作神情

不久之前，某主流报纸刊登了一封读者来信。这封信件由于其内容中所谓的"反华尔街情结"而恶名远播。信中言辞犀利地刻画了一位西方游客第一次到访华尔街时留下的印象。其中，"最夺人眼球"的一幕是"高顶礼帽与做作神情"。下面笔者来具体解释一下。笔者曾经也在华尔街见过有人戴高顶礼帽，1901 年，纽约前市长瑟斯·劳（Seth Low）为新的股票交易所剪彩开幕的时候就戴了一顶。笔者的那位心直口快的速记员还称赞说这样打扮很时髦。电影中的金融家们倾向于戴高顶礼帽，就像情节剧中的英雄们即便落魄到一文不名也要穿着漆皮鞋一样。看到荧幕上没戴高顶礼帽的金融家就像是吃了一颗没放盐的鸡蛋。但是，我们也不能由此断定这颗鸡蛋就不好。

▷▸ 运输行业的不光彩历史

就在几年前，斯图兹汽车（Stutz Motor）股票发生了一件影响很严重的局部性囤积丑闻，当时这只股票还没有市场。除了一些选择卖空的投机者之外，并没有人蒙受损失，而且这些投机者也没有多少怨言就缴清了股款。然而这件丑闻的发生为舆论抨击华尔街留下了不可辩驳的事实依据。一家纽约报纸发文，随意捏造历史，称此事件只是"大都市运输公司腐败分子、纽黑文破坏者、洛克岛破坏者"和"人寿保险腐败分子"的冰山一角。这家报纸只是为了提高销量而炒作新闻。它没有告知读者大都市铁路公司最近的一次融资已经是 20 年前了。就连那次将纽约地面铁路股权注入区际大都市公司的不太明智的融资都已经距今 15 年了。此外，人寿保险调查是发生在 16 年前的事情，也从来没有被指控或者证明有"贪腐行为"。甚至文章最后对纽黑文融资的抨击也是错误的，那次不足为道的事件已经过去整整 11 年了；洛克岛融资事件则发生在 19 年前。同时，人们最爱用来指责华尔街的把柄——芝加哥 & 奥尔顿公司资本重组事件发生在 1899 年，而且直到 1907 年都没有人能证实这有什么不妥的。写下这些的时候，笔者仿佛把自己塑造成了一个义无反顾的反对分子。然而根据笔者对事实的充分了解，笔者看不到这些事件中有任何应该被谴责的地方。

▷ᐟ **寡妇与孤儿**

轰动一时的北太平洋铁路公司（Northern Pacific）股票逼空战①曾造成席卷整个股票市场的大恐慌，但即便如此也不能证明一起市场操纵时间就能导致我们的晴雨表失灵。那次市场恐慌发生在大牛市期间，恐慌只是引发了一场严重的股市次级折返。因为当时股价由上涨趋势转而降至原点，16 个月之后才开始回升。然而，只要那些公然指责华尔街的政客们继续抓住不放，1901 年发生的恐慌事件依然是一个形象鲜活、影响很大的例证。非常奇妙的是，据说在过去这些事件中受到影响的股票持有者都是寡妇和孤儿。笔者倒希望能有人娶了那些寡妇，收养并好好管教一下那些孤儿。他们先让托管人全然丧失基本的商业常识，没有资格回头又用这种不高明

---

① 1901 年，美国铁路业群雄并立，以哈里曼为首的实业家以及以 J. P. 摩根为首的银行家这两大阵营为了争夺北太平洋铁路公司的控股权而展开了激烈的争夺，整个金融界都已经被这两大阵营的争斗搅得天翻地覆。空头们在意识到了这两大阵营将不顾一切地竞买北太平洋股票，恐慌在整个市场迅速蔓延。

的手段指责我们有罪。他们要想捞一笔只能去另外一个地方——电影里。

▷ · 道氏理论适用于任何股票市场

我们言归正传，回到本文的正题。掌控股票市场运动的法则虽然是在纽约形成的，但也同样适用于其他股票市场，比如伦敦证券交易所（London Stock Exchange）、巴黎证券交易所（Paris Bourse），甚至柏林证券交易所（Berlin Bourse）。但我们要探讨的不止这些，需要进一步深入。即使以上证券交易所连同我们的纽约证券交易所突然凭空消失，这个法则背后的基本原理也会保持不变。只要在任何大都市重新建立起一个新的证券自由市场，这些原理会自动地、不可阻挡地再次发挥作用。据笔者所知，伦敦的金融出版物中目前还没有发现任何有关道琼斯价格平均指数的记录。然而如果能找到类似的数据，道琼斯价格平均指数在伦敦的股票市场一定会有与纽约市场相当的预测精准度。

我们可以在伦敦证券交易所的众多只股票中选出两组或者更多具有代表性的股票，展示它们在温腾霍尔（Wetenhall）股票名单和伦敦证券交易所官方股票名单中涵盖的几年期间的主要运动、次级运动和日常波动。通过英国铁路公司股票股价计算出来的平均价格指数能够有力地证明我们的理论。在伦敦，还有上市更久、类型更多样的工业股票也能作为例证。卡菲尔市场（Kaffir Market）的南非金矿股票平均指数自

1889 年第一次德兰士瓦淘金热（Transvaal Gold Rush）起开始精心编制，是很有价值的。这些平均指数能够证明当其他产业发展停滞甚至衰退的时候，采金业发展却势头强劲。南非金矿股票平均指数和那些固定收益产业股票的运动之间形成鲜明的对比，对于经济学家具有很大的指导意义。这种对比能够突出地展示黄金购买力与投资性证券之间的关系。这最终将证明一条原理：固定收益股票价格与生活成本成反比，我们在后面一章将对此进行讨论。

▷﹒ 没有事实依据的真理便是谬误

　　想要从内到外彻底搞清楚华尔街是非常困难的，而且很多观察家也完全没有做到过。正如我们即将展示的，股票市场远大于股票操纵者，也远大于所有金融家的总和，股市晴雨表也比股票市场的意义更为广泛。当代作家切斯特顿（G. K. Chesterton）曾说"没有真相的事实是苍白无力的"，"甚至是错误的"。直到查尔斯·H. 道提出他的价格运动理论，才有人真正地尝试探究和阐明隐藏在股票市场背后的真相。如果一个人被带入了一个高速运转的大机器，他能明白运转的力量来自哪里吗？或者能明白这种力量是怎么发出来的吗？显然，大众的眼睛只能看到片面的、扭曲了的形象，也就是我们所说的"电影中的华尔街"。

▷‧ 罪恶向美德的致敬

为什么那些推销石油股票的骗子选择在华尔街金融区有声望的地点向他的受害者们派发传单？为什么他们还要想尽一切办法在大城市有名望的报纸的金融专栏里报道他们的股票？如果他的受众，包括投资家、投机者以及未来的投资者真的认为华尔街就像那些政客所说的是罪恶的巢穴，他还会这样做吗？假如真的是这样，这些骗子会选择去其他的地点行骗，因为他最清楚全世界哪些地方代表着最高的信誉和诚信。伪善是罪恶对美德的致敬。骗子绝不会利用一个和他自己同样罪恶的华尔街来行骗。假如金融区能有那些煽动政治家言论中所指罪恶的十分之一，那对他们的指责也无可厚非，因为美国的金融中心也就腐败瓦解了。然而事实恰恰相反，同时股市运动理论也依然存在。

▷‧ 罗德斯与摩根

如果一位作者的文字取材确实出自金融区，那他就不会被人们指责像染匠布满颜料的双手一样肆意渲染事实。华尔街潜心投身于自己的严肃事业中，既没有时间又没有意愿去搞欺诈。正如我们所看到的，没有人能掌握影响股市运动的所有因素，但同时我们通过自身经历也能明白，有些人的学识确实远超其他人。真正拥有学识的人能让你脱离狭隘卑鄙的指责、谩骂和混战。当他们变得富有以后，财富已经是身外之物，是用来创造更多成果的手段，而不是止步于此的成果本身。

　　25年前，当笔者在南非工作的时候，偶然认识了塞西尔·约翰·罗德斯①，他思想深邃、志向远大，能力远远不止于创造财富。财富只是他实现理想的必要条件。利用大量财富修建铁路是他将白人文明从开普敦一路延伸到开罗这一理想的外在表现，这一举动具有鲜明的实际意义以及精神意义。笔者还认识一位拥有罗德斯这种与生俱来智慧的人，他是已故的约翰·皮尔庞特·摩根②先生。他们的思考过程异常迅捷，常人望尘莫及。就像是数学天才儿童能通过片刻的心算就告诉你一个千位数的平方根一样。从一名记者的视角来看，那些知名人物和我们常人的思维方式极为相似。但笔者见过的许多行业巨头，比如詹姆斯·希尔③和爱德华·哈里曼④，他们都具有顶尖思维方式，能够消除不相关的因素，在冗长的信息中准确抓取关键部分。然而罗德斯和摩根更胜一筹，他们能在常人还没有来得及提出假设的时候就推导出令人惊奇但又信服的结论。

---

① 塞西尔·约翰·罗德斯（Cecil John Rhodes，1853—1902），英裔南非商人、矿业大亨与政治家。1890—1896年曾任英国开普殖民地总理。

② 约翰·皮尔庞特·摩根（John Pierpont Morgan，1837—1913），美国金融家、银行家。主导爱迪生通用电力公司（Edison General Electric）与汤姆逊—休斯顿电力公司（Thompson Houston Electric）合并成为通用电气公司，引导钢铁业、银行业公司合并，通过摩根体制控制美国大批工矿企业。

③ 詹姆斯·杰罗姆·希尔（James Jerome Hill，1838—1916），加拿大裔美国铁路建筑家、金融家。

④ 爱德华·亨利·哈里曼（Edward Henry Harriman，1848—1909），美国金融家和铁路大王。

第三章
查尔斯·H.道与他的道氏理论

　　笔者过去对道氏理论中关于平均价格指数和恐慌—繁荣周期部分的讨论收到了大量的读者来信。其中很大一部分来信内容认为，道氏理论本质上是用来在华尔街获取财富的法宝。然而道氏理论绝不是什么可以击垮银行的"秘诀"。当然也有一些来信内容表现出读者更多的学识和对道氏理论更好的理解，至少值得笔者做出更详尽的回复。

▷· 不只是一位媒体人

　　"查尔斯·H.道是谁？在哪里能读到他的理论？"查尔斯·H.道曾经是纽约道琼斯金融通讯社的创始人，也是《华尔街日报》的创始人和首席编辑。他卒于1902年12月，享年52岁。他生前是一位经验丰富的新闻记者，早年师从于《春田共和报》的著名主编塞缪尔·鲍尔斯。道是新英格兰人，聪慧过人，低调内敛，极其保守，在事业上游刃有余。无论某件事存在着多么激烈的争议，他在考量的时候都如法官一般冷静。说从来没见过他生气还不足以表现他的个性，实际上笔者甚至从来没见过他为任何事情激动过。彼时还没有几个报纸从业者能够报道金融板块的新闻，而这些人中同时具备深厚金融学识的更是凤毛麟角。而查尔斯·H.道秉性正直、思想敏锐，赢得了华尔街的信任。

查尔斯·H.道的另外一个优势是拥有在纽约证券交易所场内多年的工作经验，说起来是段奇妙的故事。已故的罗伯特·古德博迪①是爱尔兰人、贵格教徒，是一位颇受华尔街尊敬的人物。他刚从都柏林来到美国的时候，纽约证券交易所要求所有成员必须是美国公民，因此查尔斯·H.道就成了他的合伙人。在罗伯特·古德博迪等待美国公民身份批准期间，道在证券交易所买下了席位并负责在场内执行交易。古德博迪成为美国公民之后，道就退出了交易所，回到了更适合他的新闻业继续工作。

▷· 道的谨慎和他的理论

在查尔斯·H.道人生的最后几年，笔者曾与他共事。笔者很了解也很爱戴他的人格，但那时笔者和他的许多朋友一样，经常因为他的过分保守而感到恼怒。他的过分保守风格在他为《华尔街日报》撰写的社论中尤其鲜明。笔者必须顺

---

① 罗伯特·古德博迪（Robert Goodbody，1781—1860），爱尔兰裔美国银行家。

便提一下他的这些社论，因为这些是查尔斯·H.道关于价格运动理论唯一的书面记录。他会针对一个影响金融和商业的公众话题撰写一篇言辞强烈、通俗易懂、令人信服的社论。等到最后一段时，又加上一些保护性的语言，使内容有所保留。这样做可以将语言的锋芒收敛起来，就像拳击场上的选手收回了他的拳头。

查尔斯·H.道过于谨慎，无论他的理论多么可信，推导多么清晰，从来不会用直接、教条式的结论表述他的理论。在1901年和1902年的上半年，他撰写了一系列关于股票投机理论的社论。他的理论必须在这些社论中细细挖掘和体会。因为他的理论总是蕴含在一些偶尔提及的说明性文字中，从来都不是文章讨论的主题内容。令人惊奇的是，在早年关于价格运动理论的阐述中他提出了一种不太准确的说法。《华尔街日报》的"回顾与展望"专栏在1902年1月4日刊登了一篇标题醒目的文章《波动中的波动》。在这篇文章中，他写道：

"毋庸置疑的是，股市中存在着三种相互协调的运动。第一种运动是由于局部原因以及特定时间内买卖平衡引起的日常波动。第二种运动贯穿于10天到60天的一段时间内，平均下来大约30到40天。第三种运动则是延续4到6年的大规模波动。"

▷ 道氏错在哪里

请记住以上这段文字是查尔斯·H.道在20年前写的，彼时他还无法像今天这样获得用于分析股票市场运动的完整记录。根据后续的大量经验来判断，以上引文中描述的主要运动的持续范围太长了。通过对道写作这段文字之前大规模股市波动的核查和研究，表明大规模的波动从来没有像道所表述的那样持续"4 年到 6 年"时间，持续 3 年的情况都很少见，更多的是持续不到两年。

然而道对他这样的说法是有理有据的，他诚信治学的品质也使得所有认识他的人相信，至少他的理由是值得探讨的。他的这一表述是基于他对金融危机每十多年就周期性出现一次（根据金融史的记载）的说法深信不疑。道认为，这一周期会发生一次大牛行情和一次大熊行情，因此他把 10 年时间平均分开，每一个市场持续 5 年左右。他的这种说法就像一个小男孩被问到列举 10 种北极动物的时候，就回答说"5 只海豹和 5 只北极熊"！

▷ ‣ 杰文斯的恐慌时期

本书开篇时我们说到历史上出现过的一些市场恐慌时期，提到过斯坦利·杰文斯教授，以及他将这些恐慌与太阳黑子周期性出现联系到一起的理论。杰文斯认为太阳黑子周期性出现会对天气和农作物收成造成影响，从而造成经济恐慌。笔者也曾经说过这一理论无异于将美国的总统大选与闰年联系到一起般荒谬。但是杰文斯记录了英格兰发生商业危机的如下年份，公平地讲，这些记录非常准确，让人印象深刻。这些时期分别是 1701 年、1711 年、1712 年、1731—1732 年、

1742 年、1752 年、1763 年、1772—1773 年、1783 年、1793 年、1804—1805 年、1815 年、1835 年、1836 年、1847 年、1857 年、1866 年和 1873 年。

1902 年 7 月 9 日《华尔街日报》刊登了查尔斯·H. 道的一篇社论，其中道引用了以上这些年份，指出："这些记录在很大程度上支撑了十年金融危机理论，并且美国在过去一个世纪发生的危机也很好地支持了这一理论。"

查尔斯·H. 道对英格兰发生的连续金融危机记录十分翔实而精彩（他本人经历了其中三次——1873 年、1884 年和 1893 年），所以此处有必要进行引用。从杰文斯记录的日期来看，耐人寻味的是他省略掉了一个发生了严重危机的早期年份。那次危机发生在 1715 年，是由苏格兰入侵英格兰企图复辟斯图亚特王朝重新登上英格兰王位而引发的。笔者猜测杰文斯故意漏掉了这个年份，也许是因为当年没有像他记录的其他年份一样出现足够多的太阳黑子以支撑他的理论。

▷ · 道对美国商业危机的记录

以下是查尔斯·H. 道对发生在美国的经济危机的表述：

"美国 19 世纪发生的第一场经济危机是在 1814 年，由当年 8 月 24 日英国占领华盛顿引发。当时费城和纽约的银行纷纷暂停了付款业务，危机在很长一段时间内十分严峻。导致这段危机的是之前的各方面困难，包括 1808 年颁布的《禁运法令》和《互不往来法案》使对外贸易急剧下滑，公共财政入不敷出，以及一大批州立银行诞生，取代了美国银行的位置。然而这些新成立的州立银行很多都缺乏资金，发行的货币也缺乏安全保障。"

▷· 1819 年、1825 年和 1837 年

"由于银行货币流通的大幅紧缩，1819 年险些发生一次经济危机。之前银行大量增发货币促使投机活动增长，而随后的通货紧缩便造成商品和房地产的价格暴跌。但是，从这次危机的起因来看，这只是一场单纯的货币恐慌。

"1825 年爆发的欧洲经济危机引起欧洲对美国商品的需求下降，导致商品价格下跌以及 1826 年发生了一定程度的货币紧缩。然而，这次危机的形势并没有继续恶化，本质上更像是经济增长过程中的暂时停滞，而非经济衰退。

"1837 年发生了一场严重的商业恐慌，其背后的原因有很多。当时工业和商业领域都在迅速发展，大量企业过早地成立起来。然而农作物偏逢歉收，粮食都要依靠进口。美国政府拒绝延长美国银行特许经营期限的举动导致美国银行业发生了根本性变化，同时公众纷纷取出他们在州立银行的存款，都给不正常的投机行为提供了条件和机会。"

▷· 1847 年、1857 年、1866 年

"1847 年发生在欧洲的经济恐慌尽管造成当时硬通货损失严重，但对美国的影响很小。同时墨西哥战争对采用票据进

行业务结算的企业造成了一些影响，但这些影响由于当时的大宗粮食出口和后来 1848—1849 年金矿的发现而得到了缓和。

"1857 年，继俄亥俄人寿保险与信托公司（Ohio Life Insurance and Trust Company）在 8 月倒闭之后，美国发生了一场十分严重的经济恐慌。尽管股票价格已经持续几个月保持下跌，人们都没有提前意识到恐慌的来临。当时正在进行大规模的铁路工程建设，而银行持有的硬通货占比严重短于其贷款和存款的占比。这段时期的一个突出特点就是企业大规模倒闭。到 10 月份的时候，银行几乎都暂停了付款业务。

"1866 年英国奥弗伦·格尼公司（Overend, Gurney & Co.）宣告破产引发了伦敦的经济恐慌，而紧跟其后的是，纽约证券交易所的股票大幅下跌。同年 4 月，密歇根南方铁路（Michigan Southern）公司发生股票逼空事件，股市中大量投机活动故态复萌，猖獗程度远远超出了常态。"

▷ ・ 1873 年、1884 年和 1893 年

"1873 年 9 月发生的经济恐慌既是一场商业恐慌，也是一场股市恐慌。这次恐慌是巨额流动资金转化为固定资本造成的后果。之前一段时期内，商业不断扩张，形成巨大规模，然而货币供给不足，不能满足急剧膨胀的扩张需求。银行存款极度匮乏，经济萧条形势十分严峻。

"1884 年发生了一场股市危机，而不是商业危机。当年 5 月，美国海运银行（Marine Bank）、大都会银行

（Metropolitan Bank）和格兰特·沃德（Grant & Ward）公司宣告破产，引发股市价格大幅下跌，此后全年整个股市一片颓势。延续数年的铁路干线战争也是造成这段困难时期的因素之一。

"1893 年经济恐慌是诸多原因造成的结果，包括货币流通的不确定性、外国投资的撤出和对激进的关税立法的担忧。不过，对于维护金本位的恐惧不安无疑是最关键的起因，也是引发其他影响因素的源头。"

▷ · 一次有缺陷的预测

查尔斯·H. 道做预测时非常小心谨慎，这不仅是新英格兰人的特点，更带有苏格兰人的特质。在一段典型的道氏风格总结段落文字中，他写道：

"根据以往经验以及过去 6 年股市的发展情况来看，我们有理由相信在今后的几年中也许会经历至少一场股市小恐慌。"

道的这句话离"不明智"还差很远，甚至连"大胆猜测"都算不上。5 年之后的 1907 年就发生了一场比"股市小恐慌"更加严重的危机。当时纽约的银行纷纷启用票据交换所的流通券，短短 5 分钟后股市就陷入了恐慌。然而，道的预测是在一场主要上升运动期间做出的，那次股市走势在查尔斯·H. 道去世后 3 个月的 1902 年 9 月达到最高点。

后面发生的事件很快证明道氏将 10 年周期一分为二的 5

年期主要市场运动说法是错误的。1902 年 9 月开始的一场大熊行情延续了将近一年。此后的大牛行情从 1903 年 9 月开始，到 1904 年 6 月发展势头明确显现，1907 年 1 月达到最高点——共历时 3 年 4 个月。而随后出现的主要空头市场贯穿于 1907 年经济危机，并持续到同年 12 月才结束——共历时 11 个月。

▷‣ 尼尔森关于投机行为的著作

关于道氏理论的所有文字论述都刊登在了《华尔街日报》上，只有去《华尔街日报》搜索过去的文献资料才能一窥道氏将股票市场价格运动理论架构起来的过程。不过，1902 年底，现已故的萨缪尔·尼尔森（Samnel Nelson）写作并出版了一本内容中肯的著作，叫作《股票投机入门》。现在这本书已经绝版，但偶尔能在二手书店找到。尼尔森曾劝说查尔斯·H. 道执笔这本著作，但没有成功，所以他整理了所有能在《华尔街日报》上找到的道氏关于股票投机行为的论述，融入这本书中。这本书共有 35 章，其中 15 章（从第 5 章到第 19 章）来源于道的社论，有些将《华尔街日报》上刊登的版本进行了删节。文章涵盖的主题包括"科学投机""解读股市行情的方法""股票交易方法"以及股市波动理论。书中的文章都很精彩，但不适合在此一一道来。在后面的章节中，笔者会适时进行摘录。

尼尔森的著作是一本内容缜密、明确易懂又短小精悍的书。而他本人也谨慎周全、才思敏锐、身材矮小。我们喜爱他，也常和他开玩笑，那些年轻记者们根本无法很严肃地对待他。当笔者写作本书内容的时候，他亲笔签名的著作就摆放在笔者面前。当笔者读到他对股市投机行为传统式的讨论时，仿佛能看到他瘦小的身形和真诚的却已经变形了的脸庞（尼尔森死于肺结核病）。这本书出版不久后，他就去世了，远远离开了他热爱的华尔街，也正是他为"道氏理论"命名。以道的名字命名是赋予查尔斯·H. 道的一种殊荣，但道氏实至名归。因为就算此前有许多人也意识到股市运动这一最伟大、最有效的股市晴雨表的重要意义，也仍然是查尔斯·H. 道第一个以一种实际可行的方式确切地阐释出这个理论。

第四章

道氏理论适用于投机行为

之前我们通过对道氏关于股票市场价格运动理论的讨论，了解到可以用三句话总结这个理论的精髓。在《华尔街日报》1900年12月19日刊登的一篇社论中，查尔斯·H.道曾经写道：

"股票市场始终存在着三种持续的运动。第一种是日复一日的小幅波动。第二种是持续两周到一个月，甚至更久的短期起伏运动。第三种则是主要运动，其持续时间至少为四年。"

道氏所提的主要运动在实际情况下往往远远短于他所推断的4年周期，从而证明他试图将10年的经济恐慌周期一分为二，平均划分为各自持续约5年的一个多头市场和一个空头市场，是很夸张且不合理的想法。但是，这种错误想法并不重要。重要的是，道氏成功地推导出了具有最高价值的市场运动理论，并发现了这三种运动的同时性，这就为他的追随者建立起一个商业晴雨表创造了前提。

▷ › 投机行为背后的真相

这是道氏理论的精华部分，而且道氏毫无疑问在有生之年并未观测到其理论的全部含义。道氏从来没有为这一理论专门写过任何一篇社论，但他会利用他的理论阐释关于股市投机行为的话题，说明一些不仅影响投机（这里取"投机"一词最正面的含义）行为且作用于股市自身的不容易发现的事实与真相。

《华尔街日报》会刊登一些基于道氏理论的主要前提而提出的假设理论，可想而知，此举收到了大量读者来信的质询。1902年1月4日，查尔斯·H.道回复了一个任何善于思考的读者读了本书之后都能够回答的问题。这位读者来信问道："有时候你的评论对近期股市持看涨态度，却对长期股市持看跌态度。这两种态度会不会自相矛盾？"道氏回答：在一次次级运动结束后，他是看涨的，然而从股票市场收益记录来看，他认为一场已经持续了16个月的大牛市不可能持续太久。这与道氏提出的主要运动为期至少4年的估计自相矛盾，实际上那场上扬运动在第二年9月就结束了。我们可以说这样的牛市往往来得太快，而股市实际收益却并不理想，到了最后的阶段更是希望渺茫，难以翻身。

▷ ‣ 一个有用的定义

在上文提到的那篇社论中，道氏提出了一个非常实用的定义。通过这个定义，可以得出一些合理的推论。他写道：

"每当一个最高点的平均指数高于之前所有最高点时，股市就处于牛市阶段。每当一个最低点的平均指数低于之前所有最低点时，股市就处于熊市阶段。我们通常很难判断牛市是否已经进入尾声，因为当股市主要运动趋势改变的时候，就会引起股市价格的波动。不过，这种股市价格波动也有可能只是因为股市正处于一种不太寻常的次级运动中。"

这段话蕴含着"双顶"和"双底"（坦白地讲，笔者从未觉得"双顶"和"双底"的概念十分重要或者非常实用）以及"曲线"的概念。过去一段时间内股价平均指数的小幅波动显示，股票存在累积或者派发两种趋势。我们发现道氏提出的这条曲线的最大作用是表现股市主要运动是否会持续，或者股市次级运动是否即将终止。所以有些人会错误地认为通过这条曲线就可以预测股市未来的新走向。笔者会在后面的章节中详细分析一条存在于1914年股市的"趋势曲线"。

▷ ‣ 一次成功的预测

在之后的讨论中我们不难发现，通过1902年以来对股票价格运动的各种研究，基于《华尔街时报》专栏中的记录，道氏理论为预测股市主要运动趋势和正确区分股市主要运动与次级运动提供了理论方法。并且，这种理论方法运用起来具有令人震惊的高精确度。作为一名预言家，尤其是在华尔街这种地方，他们的命运往往掌握在自己的手里。如果他不论事实情况如何，总是做出积极乐观的预测，即使预言错了，最坏的后果不过是被人们骂作蠢材。如果他发现股市即将大幅下跌并如实做出预测，人们对他的指责就没那么轻松了。即便他预测的熊市真的发生了，那他也会被人们控诉动机不良，甚至被指责正是由于他的预测导致股市下跌。然而他的动机往往单纯高尚，也不可能从中获得一丁点利益。

▷ "罢免"预言家

美国大众真的对圣经中的迈凯亚和卡珊德拉这样的预言家们毫不领情吗？没错，甚至比不领情严重得多。大众痛恨不能令人欢喜的真相。1912年，美国陆军工程兵团的汤森特上校（Colonel C. McD. Townsend）担任密西西比河委员会主席。汤森特上校才能出众，一直以来保持着优异的成就。他曾根据上游支流的水位，预测密西西比河将会发生一场极大的洪水。他警告新奥尔良市，洪水预计将在一个月后到来，并提出一系列行之有效的减轻洪灾损失的措施建议。然而新奥尔良市的市民会对汤森特感恩戴德吗？不，他们一点也不会感激。这些市民们发起了一场抗议大会，要求塔夫脱①总统罢免这位"杞人忧天"的"危言耸听"分子。幸而塔夫脱总统按照他一贯的冷静风格行事，并没有罢免汤森特上校的职务。后来密西西比河谷有相当规模的产业却不复存在自不必说，新奥尔良市也在劫难逃。处于洪水危险区域的一些铁路公司和发达的工业企业认真听取了洪水警告，提前采取了应对措施，在洪水发生的时候占据了优势，减轻了自身损失。最终，新奥尔良市市长撤回了罢免汤森特上校职务的决议，转而向汤森特致歉。凡是了解美国陆军军官中那些才华卓越却低调行事的工程师的人都会明白，汤森特上校对市长道歉以及之前的民众抗议都毫不介意，也毫无兴趣。

▷‣ 三种股价运动的同步性

之前我们提到过道氏理论绝不是用于为赌徒们提供赌博获胜技巧，赚取钱财的。但是交易者们都不愿意相信这一点，为了赚钱铤而走险。然而道氏本人从来没有过这样的看法，笔者可以通过与他的多次交谈来证明这一点。当时笔者在道琼斯新闻社和《华尔街日报》撰写股市专栏，能胜任这份工作的重要前提是笔者必须深入理解道氏将股市三种运动同步化的理论的科学性。华尔街有很多人认识查尔斯·H.

---

① 威廉·霍华德·塔夫脱（William Howard Taft, 1857—1930）是第 27 任美国总统。

道，并为他的道琼斯新闻社撰写过自身的股市经历。道氏的思维极为严谨，但同时逻辑清晰，真诚可信。笔者有时会与他持不同的观点，但多数情况下，事实证明他才是正确的。即便他的观点有误，那也是因为当时确实缺乏足够的精确数据可以用于分析。而如今，我们已经能够获得必要的精确数据。

▷ · 必要的知识

说到这里或许笔者应该指出，大型资本企业想要成功发行股票上市，必须了解股票市场主要运动两种趋势的必要知识。后面我们会讨论到一个很贴合也很有趣的案例。一贯享有盛名的《波士顿新闻通讯》一再警告新英格兰的投资者不要被联合铜业公司（Amalgamated Copper Company）每个季度15％的红利和50％的额外股欺骗，在当时的价位下不要对他们的股票出手。但同时詹姆斯·基恩却成功向大量过于乐观的投资者发售了联合铜业的股票。尽管《华尔街日报》公开指责联合铜业公司是"秘密操纵市场的投机商团"，就像之前《波士顿新闻通讯》指出的那样，该公司的铜业贸易情况和公司融资情况都不理想，无法保证股票的发行价格，但这只股票还是在一段时间保持了较高的增长速度。其实，如果当时不是适逢大牛市的上涨期，基恩根本不可能发售出股票。他为美国钢铁公司巨大规模的上市融资发售股票的时候，也同样得益于大牛市的上涨趋势。那场股票发售情况更加艰险，令人惊叹。假如那场股票发售晚一年，也就是在 1903 年的熊市期间进行，是绝不可能完成也没有任何人敢尝试的。

▷ · 一篇具有指导意义的社论

正如笔者之前讲过的，查尔斯·H.道在曾发表的一系列社论中主要探究的是股票投机交易问题，只是偶尔提及一些研究股市本身的理论。但是如果读者没有机会从这些社论中领悟到其理论，对于道氏是不公平的。下面，笔者几乎全文摘录了道氏发表于 1901 年 7 月 20 日的一篇社论，当时北太平洋铁路股票逼空事件造成的恐慌刚刚过去 10 周时间。他写这篇社论时没有清楚地认识到，这并不是一次主要上升运动，而是大牛市期间的一次尤为激烈的次级折返运动。他首先提到的是个股：

"有一种'记账法'。将股票价格记录下来，每一次价格变化都用一个点来标记，这样就组成了一条条整体呈水平走向但又随着市场运动而起伏的线。当一只股票表现良好的时候，这条价格线的起伏幅度窄小，两点之间的多个数据能够相连形成一条水平的直线。这种直线的形成往往表明这只股票正在累积或者派发，也会吸引其他人同时购买或者卖出。有一种理论认为，通常可以利用'记账法'判断是否有人正在使用投机手段囤积股票，而过去 15 年间保存的这种记录似乎可以证明这种理论。

"另一种方式叫作'双顶法'，多个案例的交易记录表明，当一只股票达到顶点时，将会有一次小幅回落，随后再次达到顶点，且与最近一次的最高值相近。再之后，股价会再次回落，并很有可能降幅很大。

"但是，如果试图只借助'双顶法'进行交易，你会发现例外情况比比皆是，而且很多时候并没有出现提示信号。"

▷▸ 利用平均指数理论进行交易

"还有一些人通过平均指数理论进行交易。股市的真实情况是，在一段相当长的时间内，股市的上涨天数和下跌天数相当。也就是说，如果股市已经经历了一段上涨时期，接下来几乎必然要经历下跌时期，才能平衡。

"这种理论也有一个缺陷，那就是股市的次级运动往往蕴含于更大范围的主要运动中。尽管事件等概率发生的趋势总是趋于平衡，但是任何一种可能出现的股市运动趋势组合都有概率发生，而且往往会出现长期的运动趋势。抑或从股票交易的角度而言，市场会出现不多见的连续多天上涨或者下跌行情。从长期的股市运动来看，这些情况完全符合'平均指数理论'。但是，按照股市的一系列短期运动预期计算，任何交易都会失败。

"还有一种更加实用的理论，是建立于作用力与反作用力定律的基础上的。股市中的主要运动中通常会包含一次反向的次级运动，并且这个次级运动的幅度将至少是主要运动幅度的 3/8。这似乎是有事实依据的。例如一只股票上涨了 10

点，那么它就很有可能再下跌 4 点，甚至更多。不管股票上涨幅度多大，这一原则似乎都在起作用。当一只股票上涨 20 点后，那么它随后也会下降 8 个点，甚至更多。

"提前预知股市主要运动的涨幅和时长是不可能的。但是我们知道，主要运动越是发展，其反作用力就会越大，这样我们根据反作用力做出的相应交易的成功率就越高。

"有一种经验丰富的操盘手广为运用的方法叫作'响应法'。这种方法的理论基础是这样的：他们认为市场总是处在或多或少的操纵之中。如果想要推高市场，通常不会买进市场中的所有股票，而是通过合法的买进方式或者操纵的手段先推高两到三只龙头股票。然后，他会观察此举对其他股票的作用。如果市场趋势上涨，人们会倾向于持股观望，当他们观察到两到三只股票上涨的时候就会立刻开始买进其他股票，继而推高整个市场价格水平。这就是'公众响应法'，这也表明那些龙头股票将会再次大涨，并且整个市场都会随之上涨。

"然而，如果龙头股票上涨但其他股票并没有随之开涨的话，就表明公众没有买进意向。当清楚认识到这一点之后，操盘手就不会继续尝试推高股价了。这种方式尤其受到那些善于观察股市记录进行买卖的操盘手的青睐。然而，我们也可以在每天晚上股市收盘之后，通过观察交易记录中哪些股票在某些时段价格被推高，以及股市整体趋势是否随之上涨进行研究。研究股市的最好方法就是以股价为出发点。股市不是一个在风中随处飘荡的气球。整体而言，股市反映了那些目光长远、学识丰富的人做出的杰出努力，他们的努力使股价被调整到现有的价格水平，或者调整到近期所预期的水平上。那些优秀的操盘手关心的不是一只股票的价格是否会上涨，而是他们希望买进的这只股票能否吸引投资者和投机者持有6个月时间，能否因此而推高现有的价格增长10到20个点。

"因此，研究股市的关键是要探究一只股票3个月后有望达到的价格，并且观察投资者和操纵者们是否正在推动股价向着这个预期价位发展。通常来讲，我们可以利用这种方法非常清楚地研究股市运动的趋势。了解股价就是理解股市运动的内涵。"

以上这篇社论中有一些假设也许受到过质疑和修正，但在笔者看来是没有必要的。除非我们去研究至少半个世纪以来股市交易的记录，否则不可能证明股市上涨和下跌的天数一样多。就算我们拿到了交易记录信息，完成了研究，其实也没有什么价值。因为这就像掷硬币，只要将一枚硬币投掷足够多的次数，那么正面和背面朝上的次数就会相同。

但是道氏的清晰条理和卓越才智是值得称赞的。他撰写的社论体现出一种难得的"言之有物、言简意赅"的优秀品质，他阐明的内容颇具价值又不会冗长拖沓。他对某些基本事实及其内在含义的领悟是独一无二的。假如没有他的这些领悟，道氏理论的基本事实就会变得苍白无力，毫无关联。他将投机交易当成一种事实进行研究，并且能够阐明其背后的道理，而不是堆砌毫无益处的说教之词或者与赌博行为混淆不清。我们在接下来的讨论中将会仿照他的观点，继续对他的理论和股市的宏大意义进行有益的研究。

第五章

股市的主要运动

查尔斯·H. 道在《华尔街日报》的专栏刊登了一系列社论，是关于现在已经众所周知的以价格平均指数为表现形式的股票价格运动理论。需要强调的是，查尔斯·H. 道已经在有意识地建立起一个实用又科学的晴雨表。请注意晴雨表不同于温度计。温度计用于记录当时的实际温度，正如股票价格记录器记录实时的股价。但晴雨表的作用是进行预测，它具有重大价值，因而道氏理论具有重大意义。股市是全国市场乃至世界市场的晴雨表，而道氏理论是研究股市的方法。

▷ ▸ 平均指数本身已足够

就解读股市而言，平均指数的地位独一无二。我们有充分的理由来说明这一观点。华尔街曾被称为"国家繁荣的罪恶根源"，当然我们无须理会这些居心叵测的夸大之词。纽约证券交易所的交易总和及其趋势代表了华尔街对过去、现在和未来的所有认知。股票平均指数本身已经足够用来反映股市状况，没有必要像一些统计学家那样，还要详细研究商品价格指数、银行票据清算额、汇率波动幅度、国内外贸易量或其他什么因素。这样做是多此一举，因为华尔街已经考虑到了以上所有因素。华尔街将它们视为过去的经验，并利用它们预测未来。这些因素只是造成天气变化的原因，而不能用作预测天气的依据。

人们普遍迷信华尔街存在"强大的利益团体"，它们垄断着某种知识并将其用于实现自己的罪恶目的。普约委员会①曾对一些据称高度控制市场的银行业和金融业公司进行大力调查就体现了这一点。股票市场的含义之深、范围之广，超过所有商业机构的总和。但是在华尔街，代表不同利益的金融公司之间很少能够成功组建所谓的"利益团体"，除非是为了阻止像1907年那样的恐慌。这些不同利益的金融公司不管是单独运营，还是结成联盟，在估计股市行情的时候总是容易出错。即使在亨利·罗杰斯时代，标准石油公司实力强大叱咤风云，但在股市中却连年累月地做出错误的操作。说起对商业形势的判断能力，没有谁能比亨利·罗杰斯更加精明。但笔者听说他当时一本正经地辩解自己的判断没有错，犯错误的是股票市场和冥顽不灵的公众。

---

① 普约委员会（Pujo Committee），美国国会成立的一个旨在1912—1913年调查华尔街金融和银行业组建金融托拉斯凌驾于国家金融体制之上的组织。

▷ ‣ 比任何操纵都要强大

正如查尔斯·H.道准确观察到的,在股价运动中,华尔街能够掌握的所有知识的总和反映在华尔街对未来最明晰的预测中。市场反映出来的并不是今天的商业运转情况,而是商业运转情况在几个月之后的变化趋势。即使是在操纵行为的作用下,几只龙头股票受到了影响,股市的作用也依然存在,而且比任何操纵行为都要强大。操纵者只能预测到他所预期的股价,而作为投资者的公众将会在之后才能意识到股票价格,但操纵者们的预测有时候并不准确。在熊市期间,操纵股价上升是不可能实现的。所有精心策划的股市操纵案例都是在平市期间发生的,而且成功的数量极少,这是因为市场比操纵者的影响力更加强大。通过笔者在华尔街和其他股票市场的个人经历来看,在下跌的股市中进行操纵行为是不可能实现的。熊市中的交易员做出这种行为纯属"搬起石头砸自己的脚"。一次熊市行情总是从未来发生的一系列事件中得到充分的解释。当然也有例外,比如1917年的熊市曾导致股市未来的预期一蹶不振。

▷ ‣ 写在一次牛市期间

1900年6月底,也就是麦金莱再次当选美国总统前的4个月,一场牛头行情开始发展,并在之后持续了26个月之久。这次牛市的开端比较薄弱，交易额很少。1901 年，北太平洋铁路股票逼空事件引发了股市恐慌，这场牛市进而由此被一次典型的次级剧烈折返运动中断。正是在这次平市期间，查尔斯·H. 道在《华尔街日报》发表了一系列的社论，也就是本书摘录的那些文章。这些社论中蕴含着道氏理论的基础与核心。道氏曾经设计了一个具有实际操作意义的晴雨表，而且按照他的个人风格，他还真的运用了这个晴雨表，试图测试其能否做出可靠的、高质量的预测。令人遗憾的是，查尔斯·H. 道过早地离世，没能在接下来长达 12 个月的大熊市中测试股市晴雨表的作用。不过，在那之后股市的一切运动，无论是上涨还是下跌，都证明了道氏理论的预测方法具有重要意义和价值。

在 1900 年的那次大牛市期间，道氏做出的预测都是十分准确的，令人叹为观止。当然，他的预测只针对大盘，而非针对个股或者某些小板块。关于股价与实际价值之间的调整这一关键问题，他提出的观点也是准确的。他的一系列结论性的社论发表于 1902 年 7 月，之后不久他就去世了。道氏在这些社论中认为，当时的股价已经远远超过了股票的实际价值。他预测，几个月后市场会预示铁路股票的收益下降，或者至少主要工业板块发展缓慢，其他板块的交易也开始紧缩。

▷ · 股市的主要运动

为了更好地说明本书的观点，这里列举出自查尔斯·H. 道开始撰写社论至 1921 年主要空头市场达到顶点之间的股市的所有主要运动。如下所示：

1. 上涨　　　1900 年 6 月起，1902 年 9 月止

2. 下跌　　　1902 年 9 月起，1903 年 9 月止

3. 上涨　　　1903 年 9 月起，1907 年 1 月止

4. 下跌　　　1907 年 1 月起，1907 年 12 月止

5. 上涨　　　1907 年 12 月起，1909 年 8 月止

6. 下跌　　　1909 年 8 月起，1910 年 7 月止

7. 上涨　　　1910 年 7 月起，1912 年 10 月止

8. 下跌　　　1912 年 10 月起，1914 年 12 月止

9. 上涨　　　1914 年 12 月起，1916 年 10 月止

10. 下跌　　　1916 年 10 月起，1917 年 12 月止

11. 上涨　　　1917 年 12 月起，1919 年 10 月—11 月止

12. 下跌　　　1919 年 11 月起，1921 年 6 月—8 月止

13. 上涨　　　1921 年 8 月起，1923 年 3 月止

14. 下跌　　　1923 年 3 月起，1923 年 10 月止

15. 上涨　　　1923 年 10 月起

　　如果已故的约翰·皮尔庞特·摩根①真的曾经说过，他本人是"美国股市中的一头公牛"，那么这张表刚好证明了他的观点。以 1900 年到 1923 年，在 23 年的时间里，牛市持续的

---

① 约翰·皮尔庞特·摩根（John Pierpont Morgan，1837—1913），美国金融家、银行家。主导爱迪生通用电力公司（Edison General Electric）与汤姆逊—休斯顿电力公司（Thompson Houston Electric）合并成为通用电气公司，引导钢铁业、银行业公司合并，通过摩根体制控制美国大批工矿企业。

时长几乎是熊市的两倍。其中，7次牛市的平均持续时间是25个月，而7次熊市的平均持续时间是15个月。

从表中可以看到，最长的一次上升运动从1903年9月22日开始，到1907年1月5日结束。平均指数的实际最高点出现在1906年1月22日。随后，出现了长达数月之久的不规则下跌以及一次同样不规则的反弹，平均指数最终再次回到接近前次最高点的水平（这些波动都发生在1906年）。尽管1906年的股市次级运动是有史以来持续时间最长的一次，但这一年还是算作股市主要运动的终点。1906年是个特殊的年份，当年发生了旧金山大地震①，我们在后面的章节中将专门对此进行更详细的讨论。另外5次牛市持续的时间从19个月以上到将近27个月不等。

▷‧ 令人惊叹的预测结果

上节表中展示的6次熊市中持续时间最长的一次为期近27个月，其间经历了第一次世界大战的爆发和纽约证券交易所的百日停业，于1914年圣诞节前夕触底。也许有人还记得，那是一个黑色的圣诞节。不过，随后的1915年，大量军需品的生产带来的极大繁荣（当时美国并未参战）——股票市场十分精准地预测到了这次繁荣，而当时的美国商业界对经济

---

① 1906年旧金山大地震，发生于1906年4月18日清晨5点12分左右，震级为7.8。这场地震及随之而来的大火，对旧金山造成了严重的破坏，是美国历史上主要城市所遭受的最严重的自然灾害之一。

形势还是一头雾水。

以上 6 次熊市中有两次的时间不足一年，其中的一次仅有几个月，另一次则不足 15 个月。此处的记录似乎足以说明熊市的时间通常要比牛市短，或许这正如在主要上升运动趋势中出现的次级下跌运动简短而剧烈一样，缓慢反弹比急剧下跌需要更多的时间。

▷ ▸ 市场永远是正确的——

下面的分析将表明，在所有这些主要市场运动期间，利用股市晴雨表预测商业在不久的将来的发展状态是可以实现的。然而如果我们讨论的这些内容不能被非金融界的人士们所了解，不能让那些在有生之年从未买过一只投机性股票的人提起兴趣，那就不可能达到预期目的。晴雨表是任何航海船只不可或缺的工具，无论是最小的沿海帆船还是"阿奎塔尼亚"号①轮船。吉卜林②诗歌中"博利瓦淹没在茫茫大海中"，绝望地看着"那些该死的航轮的灯光从身边经过，像一座气势辉煌的酒店"，但是晴雨表对"博利瓦"们的作用和对航轮舰桥上领航员们的作用是相同的，甚至更有过之。没有

---

① "阿奎塔尼亚"号（RMS Aquitania）是英国卡纳德邮轮（Cunard Line）所属的豪华客船。

② 约瑟夫·鲁德亚德·吉卜林（Joseph Rudyard Kipling，1865—1936），生于印度孟买，英国作家及诗人。他是英国 19 世纪至 20 世纪中一位很受欢迎的散文作家，被誉为"短篇小说艺术创新者"。

哪个企业小到可以忽视股市晴雨表的地步，当然也没有哪个企业大到这种地步。实际上大企业在管理中所犯的最严重的错误就是，当无情的、公正的股市提醒它们注意前方的恶劣天气时，这些在商海中驾驶航轮的人却没有给予重视。

▷ · ——而且从不需感谢

已故的参议员多利弗（Dolliver）在美国参议院阅读到《华尔街日报》的一篇社论时曾经说过："听听市场的无情判决吧"，他发现市场的这种判决是非常正确的，也是不带任何感情色彩的。因为市场的判决必须以所有证据为基础，尽管有时目击者在提供证据时是不自觉的或者被迫的。

难怪这位农民出身的政客轻而易举就把华尔街当成了市场萧条的替罪羊，甚至不顾此举对他的农业区选民的影响。华尔街在这些人眼中是充满罪恶的，因为他们往往要把造成市场萧条的责任推卸给华尔街，即使华尔街只是提前预测到了市场的萧条。我们在前面的章节中提过，灾难的预言者总是招人怨恨。而且一旦预言成真，这种怨恨就更加强烈了。可是，对于华尔街而言，预言终究会实现。如果华尔街预测到的市场繁荣如期而至，就会被人忘记。但如果华尔街预测到的是市场萧条，则会被人记恨。这些人非但无视华尔街的预言，为了推卸自己的责任，还将华尔街当成替罪羊。

▷ ‧ 华尔街是农民的朋友

出于某种狭隘的忌妒心理，政客们常常会把华尔街这个必不可少的全国金融中心称为"地方性的"。尽管《联邦储备法案》①（*Federal Reserve Act*）的起草者们极力企图通过法案在全国建立起 12 个金融中心，然而华尔街依然是全国唯一的金融中心。这些法案起草者们（或者其政治发言人们）说："华尔街怎么会了解农事？"华尔街对农业的了解比所有农民加在一起掌握的信息还要多，而且华尔街还不会像农民们一样忘记过去的事。更重要的是，华尔街还能在任何时候瞬时更新自己的信息库。华尔街聘请了最有作为的农业专家，甚至比农业部那些高高在上、不接地气的专家们更加优秀。华尔街的农业专家们也会认真研究农业部发布的官方报告，而农民们则会自动冷落这些报告。

1919 年 10 月末 11 月初，农民们还在以每蒲式耳 3 美元和每磅 40 美分的价格疯狂囤积小麦和棉花，而比他们更清楚小麦和棉花行情的股市已经开始下跌。这是股市晴雨表在提醒他们立即出手，趁时间还来得及赶紧脱身，以市价卖掉所有货物以拯救自己。然而农民们将罪责一并推给华尔街、联

---

① 1912 年民主党人威尔逊当选总统，在他的支持下《联邦储备法案》于 1913 年起草，旨在成立一个联邦机构（美国联邦储备体系）监管金融市场。

邦储备银行体系①以及除了自欺欺人的自己之外的所有人。他们妄想只要能说服州议员用暴力手段毁掉晴雨表就能扭转乾坤。他们试图破坏芝加哥和明尼阿波利斯谷物交易的晴雨表以及新奥尔良和纽约棉花交易的晴雨表。20 年前，德国迫于农民的要求以毁灭性的立法取消了谷物交易的晴雨表。结果又如何呢？德国被迫在市场的废墟上重新建立晴雨表，而农民也早早为此付出了代价。德国人终于明白了让市场自由运转的道理，而英国人却早就看透了这些道理，而且从来就没对此表示过怀疑。也正因为如此，英国人才得以建立起一个伟大的帝国，发展起全世界最强大的商业贸易。

---

① 联邦储备体系（Federal Reserve System，简称美联储）是美国的中央银行体系，依据美国国会通过的 1913 年《联邦储备法案》而创设，以避免再度发生类似 1907 年的银行危机。

第六章

股市预测的独特之处

这个世界上存在着两个华尔街。一个是现实中的华尔街，正在逐渐地摆脱人们对它的无数错误认识造成的混乱状态，塑造着自己的统一形象。另一个则是虚构的华尔街，是喜欢制造噱头的报纸和哗众取宠的政客们所描述的华尔街。这个华尔街的形象被戏剧化的解读所扭曲，其中的人物还没有50年前老式情节剧中的角色来得真实。而这些被丑化的漫画人物般的形象重新被搬到屏幕上，令人觉得无比震惊又愚蠢至极。正因为如此，我们在第二章中已经详细地讨论了这种很流行的错误观念——电影中的华尔街。

▷‣ 股市基本运动无法被操纵

现在流传着一种极其错误的观点，对股市晴雨表的作用提出了极大的质疑。这种观点认为，操纵行为能够改变股市的运动趋势，从而破坏市场的权威性和指导价值。笔者本人在华尔街摸爬滚打了 26 年，此前还曾在伦敦股票交易所、巴黎股票交易所，甚至在 1895 年投机活动猖獗到"在夹缝中求生"的约翰内斯堡黄金市场中也积累了一定的经验。这一切并没有赋予笔者任何权威，但是在所有这些或许并不足道的经历中，笔者想不出有哪一次基本的市场运动是由操纵行为推动或引起的。对于所有的牛市和熊市而言，无论是在其发展期间还是结束尾声时出现的过度投机或者过度变现行为有多严重，它们的发展趋势都是由整体的商业运转状况决定的。如果我们讨论的内容还不能说明这一点，那么我们所做的一切就都是徒劳的。

▷· 一种融资上的不可能性

下文的表述也许会以偏概全，但是笔者相信这其中包含着基本的道理。当詹姆斯·R.基恩为联合铜业公司的那些完成了兼并但没能完成融资的企业主们推销 22 万股股票时，人们估计他全程肯定至少卖出了 70 万股。他把价格抬高到票面价格以上，为他的雇主实现了 90—96 点的净利润。这是一次规模相对较小的股票集资活动。但是，让我们假设某个具有空前规模的辛迪加①介入股市，还得到了所有银行机构的支持，联手制造了大牛行情。没有他们的介入作为前提，基恩

---

① 辛迪加（Syndicate），是资本主义垄断组织的一种形式，属于低级垄断。参加的企业在生产上和法律上仍保持自己的独立性，但商品销售和原料采购则交给总部统一办理。

的一切努力都是徒劳的。我们再进一步假设，这个超级辛迪加完全有能力无视在铁路和工业平均指数 40 只成分股之外的大量活跃的股票，并且不受任何专业性舆论的影响。我们还假设，这个辛迪加为了大幅哄抬股价而大量买进，囤积了不止 22 万股而是百倍于此的股票，虽然这与它之前的惯例和理念都明显相悖，却奇迹般地没有引起公众的怀疑。

任何在小学课堂里学过"2+2＝4"的人都会发现，我们这是把自己绕进了一个数学算法的死胡同。这个辛迪加肯定不会满足于不足 40 点的净利润。所以在它能够建立起一个类似基恩为联合铜业公司创造的牛市行情之前，其实际交易量就将达到 1.2 亿股的规模。即使按票面价格计算，这么大的操纵规模也意味着几十亿美元的融资活动。要实现如此巨额的融资，参与其中的各大银行必须停止一切其他业务，集中精力为这个辛迪加的市场操纵活动服务。然而，就美国现行的银行系统而言，这种超级辛迪加在任何时候都无法完成如此规模的操纵，甚至更小规模的操纵活动都难以实现。难道真的有人相信只要有联邦储备体系的帮助，这种制造恐慌的市场操纵活动就能实现吗？

▷· 可能存在操纵活动的情况

辛迪加中的每一位富有的成员必然已经拥有大量的股票、债券、房地产和工业产业，但如果他们还要操纵股市制造熊市行情，会将这一切变得极度荒唐。这种事情笔者本人甚至连想都没想过。当基恩在一次大牛市中独自发行美国钢铁公司①1/25 的普通股票时，他得到了强大的标准石油集团②所有掌权人物的支持。当他发行美国钢铁公司普通股和优先股的时候，他的后盾不仅包括摩根集团③在银行业强大的影响力，还包括加入这个钢铁联盟的每一个集团，以及公众准确地判断出这次钢铁制造与贸易业正在史无前例地迅速扩张。然而，即便获得了多方的支持，基恩能把自己的努力成果扩大 100 倍吗？那些通过观察市场主要运动研究股市晴雨表的商人、银行家和制造商们完全不相信操纵行为能够改变股市主要运动的观点。

▷▸ 罗杰·W.巴布森的理论

然而，上节提到的"操纵行为改变股市主要运动"的错误观点却不乏拥趸。笔者此处将引用罗杰·W.巴布森④的著作《商业晴雨表》（*Business Barometers*）为例来加以说明，

---

① 美国钢铁公司（United States Steel Corporation）1901 年由 J. P. 摩根创办，总资产 14 亿美元，是美国第一个"10 亿美元公司"。它由 11 个钢铁公司合并而成，为纵向型托拉斯，不但控制钢铁厂，还涉足铁矿公司、轮船公司和铁路公司。

② 标准石油集团（Standard Oil）于 1870 年以有限公司的形式在俄亥俄州成立，从事石油生产、提炼、运输与营销，是当时世界上最大的炼油厂。

③ 摩根集团（Morgan）由美国银行家约翰·摩根创建，其历史可以一直追溯到 1871 年创建的德雷克希尔—摩根公司（Drexel, Morgan & Co.）。摩根集团曾经是美国历史上最有声望的金融服务机构，参与过美国钢铁公司的创建和新英格兰地区铁路的修建，还曾多次协助美国政府发行债券，以解决国家财政问题。

④ 罗杰·W.巴布森（Roger W. Babson, 1875—1967），20 世纪上半叶美国著名的企业家、经济学家、商业理论家，巴布森学院创始人。

但并非为了批评或贬低巴布森的经典著作，也非有意引发或挑起争端。笔者相信巴布森能够理解。为了巴布森的公平起见，笔者还必须指出，此处摘录的文字出版于 1909 年：

> 股市出现缓慢下跌通常意味着最优秀的投机者们预测到整体的商业状况将会在不久的将来出现一个萧条时期；而股市出现缓慢上涨则通常意味着整体的商业状况将会在不久的将来出现一个繁荣时期（除非市场的涨跌是人为的，由操纵行为造成的）。实际上，即使不使用操纵行为，商人们也几乎可以把股票市场当作一个晴雨表，通过市场中那些大规模经营者们已经收集到的必要的数据来判断市场的基本情况。然而不幸的是，通过研究股票市场本身并不能把人为操纵造成的市场运动和自然的市场运动区别开来。因此，尽管银行家和商人们可以把股票市场视为多种晴雨表中的一种，但他们仍然应该公正合理地对待其有效性。

▷ · 巴布森的图表

如果只能在刻度太短的水银柱晴雨表和总体准确性很差但精密敏锐的无液晴雨表之间二选一，我们应该选择哪一种呢？股市晴雨表并不完美，或许更准确的说法是，解读股市晴雨表的科学方法尚未成熟，还远没有达到完善的地步。但是这种不完善并不是巴布森所认为的那样。实际上，在任何合理的时间内，股市晴雨表所具有的预测功能几乎是绝对正确的。让我们从巴布森本人的图表中举几个例子。巴布森绘制的图表中，有一些"点"分布在一条持续上升的曲线的上方和下方，这条曲线表示一个处于发展中的国家的财富在不断稳定增加。我们将看到，股票市场每次都在巴布森收集到数据并绘制到其图标方框中之前，就预测到了每一个结果。如果有读者不熟悉巴布森出版的这本有趣的著作，这里可以进一步说明。巴布森将表格纵向按月分为十二栏，然后再横向画线形成一个个方块。这些方块代表着各种不同商业数据所涵盖的区域，并排列于一条逐渐上升的中线的上方或者下方，而这条中线贯穿了整个表格，代表着美国不断增加的国民财富。

▷‣ 股市是如何预测的

在巴布森图表中我们可以看到，阴影区域所消耗的时间有逐渐延长的趋势，而且持续时间越短，萧条就越严重，或者扩张就越强劲；根据市场的实际情况，中线上下两部分的黑色区域被假定为彼此相等或者至少极为接近。在巴布森图表中，有一个表示萧条的黑色区域始于 1903 年，到了下半年才发展到可以辨认的面积，并在 1904 年继续发展了一整年，最终于 1905 年初越过了财富增长曲线。股市也预测到了这次萧条，因为一次大熊市行情始于 1902 年 9 月，并一直持续到 1903 年 9 月才结束。1903 年 9 月，当股市开始上扬并于次年 6 月出现强劲的牛市时，巴布森图表中萧条区域仍占据着主导地位，直到 1904 年末才宣告结束。而当股市在 1905 年 9 月已经显示出很强的扩张势头的时候，巴布森图表却直到 1906 年才反映出来。股市晴雨表不仅预测到了巴布森图表所反映的所有商业扩张趋势，还预测到了持续到 1907 年 1 月的超长大牛市行情。这次大牛市超过了本应持续的时间，这种延时倾向对于牛市和熊市是同样存在的。

▷ ‣ 真正的晴雨表

巴布森图表中的扩张区域在 1907 年达到最高点，而此时的熊市行情已经形成并持续了 11 个月，直到当年的 12 月初才宣告结束。股票市场提前这么久就预测到了巴布森通过图表精心计算出的萧条持续时间。巴布森图表显示，这次萧条很严重但持续时间不长，在 1908 年末就结束了。他得出的中线以上的后续扩张区域显示，扩张直到 1908 年 7 月末才会在市场中表现出来，而股市晴雨表再次预测到这次牛市即将来临，此次牛市始于 1907 年 12 月，于 1909 年 8 月筑顶，并从这时起同样正确地提前预测到巴布森所说的下一个萧条时期。

相比之下显而易见的是，股票市场确实是晴雨表，而巴布森图表严格来讲更像是一个股市记录器。当然，如果有人像这些图片的辛勤编撰者那样学识高深，也可以通过制作这种记录器从中获得对未来具有指导性意义的宝贵信息。用一个经常被滥用的词来形容，股市晴雨表是"独一无二"的。我们要明白，"独一无二"这个词表达的意思已经不需要任何修饰语了。我们的晴雨表不是比较"独一无二",不是几乎"独一无二",也不是基本上"独一无二"。晴雨表只有一个,它是无法复制的。前面简单的介绍已经表明,它的确能够提前数月预测到未来的商业状况,但其他任何指数或指数组合都无法胜任这项工作。我们的美国气象局科学水平很高,专业能力也很强,但也常常无法预测突然出现的极端天气,从而做出错误的天气预报。举这个例子并非是想说我们回到了冰川时代,而是我们之前确实经历过突如其来的干旱或者极端寒冷的冬天,这些天气情况无法提前预测。当气象局试图做出明确的天气预测时,就像在无数个一般性事件中选出一个特殊性事件一样,只能靠猜想。那些在塔夫脱总统就职宣誓仪式前夜恰好在华盛顿的人还记得吗,天气预报说第二天"温暖、晴朗",但是,笔者在第二天去宾夕法尼亚铁路公司时发现,暴风雨已经把纽约至费城沿线的电线杆全部推倒了。笔者甚至还听说有几辆专列因受到暴雨影响没能及时到达华盛顿,错过了当天的阅兵式。根据大气压强理论,即便是无液晴雨表也只能预测有限的几小时以后的天气情况。

▷· 被高估的周期性

在这方面还有一些其他的文献,笔者将会在本书更合适的章节中介绍哈佛大学的研究成果。笔者一直认为人们都太过于强调周期理论了,正如我们已经看到的查尔斯·H.道所做的那样,他把自己推崇的经济恐慌——繁荣的十年周期划分为一个假想中的、实际并不存在的为期5年的牛市和一个同样假想中的、实际并不存在的为期5年的熊市。但是巴布森告诉我们，扩张区域或通货膨胀区域从时间角度看并不会持续5年，而是两年或者不到3年，价格的最高点不一定会落在扩张的最后阶段，而价格的最低点不会落在萧条区域之外。股票市场的危机可能出现在牛市的中期，例如1901年北太平洋铁路公司股票逼空事件引发的股市恐慌。而发展迅速、程度严重的"准恐慌"事件也可能产生于熊市期间，就像1907年发生的那次恐慌。巴布森准确地预测到了1907年的那场股市"准恐慌"之后出现的商业萧条。但是，当年股票市场持续下跌，比他更早地预测到了这一点。

如果所有的经济恐慌和产业危机都是由同样的原因造成的，并且总能通过某种确定的规律预测出来，那么它们根本就不会发生，因为人们总是可以事先预见到。这种说法听起来有些像"爱尔兰牛"，但是它也表述了事实的真相。爱尔兰人总将"爱尔兰牛"与其他牛区分开来，不就是为了强调爱尔兰的牛总能保持产奶状态吗？笔者不想在此深入讨论周期性的问题，因为大量事实已经证明，股票市场并不受这种理论影响。

▷ · 秩序是天地间第一法则

华尔街不仅是一个巨大的资金库，汇集着来自全国的每一条资金流，同时也是一个信息处理中心，处理着关于商业事实的每一条信息。我们应该不厌其烦地强调，股市的运动是从这些不断积累的信息中演变而来的，这些信息包括建筑和房地产、银行结算、企业破产、货币供需、对外贸易、黄金流动、大宗商品价格、投资市场、农作物收成、铁路收益、政治因素和社会条件。所有这一切还与其他因素有着数不清的关联，每个因素都会对股市产生微小的影响。

此处可以看到我们在前面讨论中提出的假设是多么的正确：在华尔街没有人能了解所有的商业事实，更不要说了解这些商业事实的含义。但是公正而无情的股市晴雨表却像水银晴雨表记录大气压那样把所有的商业事实都记录下来了。股市的运动从来不是偶然的，而且笔者记得自己曾经指出，妄图通过操纵股市利用欺骗的方式攫取利益是不可能实现的。这一切必然是受某种法则所支配的，而我们现在的目的正是要看看自己能否有效地归纳出这些法则。乔治·W.凯布尔①在多年以前曾说过："我们所说的机会或许只是某种法则产生的作用，这种法则的范围如此浩渺，我们一生中只有一两次能触摸到它的轨迹。"我们不必让自己迷失在宿命论和先验论的泥沼里，也不必把威斯敏斯特信条②视为荒谬，认为人生注定要经历接二连三的倒霉事。但是我们应该明白的是，秩序是天地间第一法则。虽然独立的个体智慧不足以理解这个法则，但证券交易所或者其他的社会组织往往都倾向于遵守这个法则。

---

① 乔治·W.凯布尔（George W. Cable, 1844—1925），美国小说家。
② 威斯敏斯特信条（Westminster Confession），表达的是通常被称作加尔文主义或新教归正宗的神学。由参加英国威斯敏斯特会议的 100 多位教牧神学家经过长达三年的讨论，于 1646 年 12 月完成，1660 年得到教会公认。

第七章

投机交易与专业交易

　　读到这里，读者们可以停下来回忆一下，我们在前面的
章节里以正确的道氏股票市场理论为基础得到了多少推论，
又证明了其中的多少推论。我们应该感到满足的是，道氏正
确地指出了在股票市场中同时存在着三种明确的运动——上
升或下降的主要运动，不时让前者中断的次级下跌或反弹运
动（视具体情况而定），以及无法计算的日常波动（由于本书
内容不涉及，我们经常忽略不谈）。我们也很高兴地发现，事
实证明一个处于狭窄范围的股票交易时期——我们称之为
"线"——会随着交易天数的增加而逐渐显示其意义，因为它
能表明股票的累积或发售情况，而随后的价格运动则能够显
示市场中的股票是处于稀缺状态还是由于过分供给而处于饱
和状态。

▷‣ 实至名归

其实，我们还可以探究出比以上更深入的内容。我们仅从前面的章节就可以发现，每一次主要的市场运动都会被随后的全国商业的基本运转情况所证明，这既不需要也不会受到操纵行为的影响。的确，市场运动经常看似与商业状况背道而驰，但正是因为如此，市场才能发挥真正有效的预测功能。股票市场能告诉我们的不是今天的商业运转情况，而是未来的商业发展趋势。已为人知的新闻才是没有价值的，而人尽皆知的信息已不能成为影响市场的因素了，除非是在某些罕见的恐慌情形下，因为彼时的股市确实受到了突如其来因素的影响。

当笔者的文章在全国性金融周刊《巴伦周刊》上以连载形式发表以后，笔者在研读晴雨表的基础上，于 1921 年 9 月 18 日加入以下推论，并发表于 1921 年 11 月 5 日。这一推论绝非笔者的猜测，而是在合理的前提下得出的科学推断，它正确地预测了市场主要发展方向的变化。

"这里有一个贴切的案例可以用来检验目前的市场表现。一直以来都有人要求笔者拿出股市晴雨表具有预测价值的证据。如今，欧洲金融萎靡不振，美国棉花歉收，通货紧缩造成种种不确定性，我们的立法者和征税者毫无原则地奉行机会主义，而战后通货膨胀带来了种种后遗症——失业、采煤业和铁路业工资微薄——所有这一切都笼罩在美国商业的头上。然而，股市目前的活动似乎预示着情况将向好的方向发展。笔者一直认为，形成于 1919 年 10 月末和 11 月初的熊市已经于 1921 年 6 月 20 日触底，20 只工业股票的平均指数已经跌至 64.90 点，而 20 只铁路股票的平均指数则已跌至 65.52 点。"

▷ · 一个当时的例子

1921 年 8 月的最后一周伊始，工业平均指数和铁路平均指数又双双达到新低，这看似意味着熊市即将卷土重来。然而《华尔街日报》在 8 月 25 日根据两种平均指数必须相互印证的理论指出：

"就平均指数的情况而言，完全没有预示牛市将会来临，但是它们也并没有表明主要的熊市行情将明确回归。"

当时的铁路股票的平均指数正在形成一条"走势曲线"，经过一次技术性下跌，跌至底部不到 1 点后得到恢复，随后并没有出现新的最低点，这已经可以表明主要的熊市行情并没有回归。9 月 21 日，铁路股票平均指数的走势曲线持续发展（表明铁路股票可能正在大量积累），同时工业股票平均指数出现了明确的反弹。于是，《华尔街日报》的"股价走势研究"专栏发文指出：

"有人认为我们正面临股市的寒冬，这种说法有些危言耸听。如果连股市本身都没有预测到这种意外情况，那股市的存在就毫无意义了。现在股市似乎已经预测到的是，来年春天整体商业运转情况将会好转，而且这次好转具备一定的坚实基础。我们甚至可以说股市已经表明，主要的牛市阶段已经准备就绪。"

彼时，工业股指和铁路股指都已形成了一条发展完好的表现筹码集中程度的走势曲线，而且工业股指还达到过明显高于前次反弹的最高点。《华尔街日报》在10月4日刊登的一篇分析文章写道：

"根据多次验证过的解读股市平均指数的方法，我们认为只有当工业指数下跌了8点，铁路指数下跌了9点，或者两种指数分别跌破6月20日的最低点时，才能表明一次熊市行情的回归。另一方面，假如铁路股票目前的平均指数只要再上涨不到1点，工业和铁路这两种股票平均指数就能创下新高，从而意味着这一次大牛市行情的到来。目前，工业股指早已达到了这个高点，而且两种股指都显示出一条非常清晰的表示筹码集中程度的走势曲线。这条走势曲线随时都可能透露出市场中股票流通供应不足的状态。"

这篇论证严密的文章在结束段指出：

"股票价格之所以低，是因为受到了批评家们所论证的所有下跌因素的影响。而当市场受到意外冲击时，就会出现恐慌，但历史记录可以证明这种情况是很少发生的。今天的所有股票下跌因素已经人尽皆知，并且就像人们所认为的那样严重。然而股票市场走势并非根据今天的一般常识，而是根据参与交易的人们利用专业知识提前数月所预测到的未来市场状况。"

▷ · 亨利·H.罗杰斯及其批评者们

以上是我们对道氏理论的应用。读者可以根据随后的市场发展情况来评估股市晴雨表的价值，甚至可以根据同样的基本前提，通过缜密的推导过程自行展开同样的分析。

专业的投机者们都希望大众普遍相信他们是无懈可击、战无不胜的。这就像被蒙在鼓里的观众们认为纸牌是随机洗好的，而专业玩家却非常清楚每一张牌的点数。许多年前，已故的亨利·H.罗杰斯（他从不发表公开讲话）曾对笔者说过："报纸为了博得关注，总是攻击约翰·D.洛克菲勒和他的合伙人敛财太多，将数以百万计的财富敛进了标准石油公司。你我都清楚，我们并非无所不知，也非无所不能，但是那些人通过报纸文章和漫画给我们创造了这种形象，使我们成为公众妒忌和憎恨的对象。当所有人同我们打交道之前都预先认定我们能呼风唤雨，那我们就拥有了一种无价的商业资产。"正是这种煽动者的行为迫使标准石油公司解体，分成了33个小公司，但这次解体却使标准石油公司的股价增加了两倍，同时还推高了汽油的价格。或许这些报纸的老板都是标准石油股票的持有者吧。这件事发生在福特汽车普及以前，或许始作俑者们认为，让能买得起汽车的富人们再多花些钱买高价汽油是一件利于公益事业的好事。

▷‣ 投 机 者 的 推 理

认为专业人士拥有不正当优势的观点是毫无根据的。像杰西·利沃莫尔①这样的专业人士的推理，其过程就是本章和之前的章节中所讲到的推理过程，然后通过对基本商业状况的研究来证明。他在 1921 年 10 月 3 日曾说，他一直在买进股票（我们暂且相信他这番自我表白是诚实的）。很显然，他这样说其实是想试探投资大众和投机者们对于他能预见的未来是怎么想的。

他的举动并不算操纵行为。像他这样的投机者并没有创造任何虚假的市场条件或者欺骗活动诱使公众上当，他们的行为就像那些在米德威游乐场外面招徕顾客的杂要。《巴伦周刊》在 10 月 3 日引用杰西·利沃莫尔的话说："所有的市场运动都有其合理的基础。除非有人能够预见未来，但即便如此他投机成功的能力依然有限。"他随后又补充道："投机是一项事业，既不能只靠猜测，也不是一种赌博，而是一项艰辛的工作，需要付出大量的努力。"

---

① 杰西·利沃莫尔（Jesse Livermore，1877—1940），美国华尔街大亨，被《时代》杂志形容为"最活跃的美国股市投机客"。

▷ ‣ 道氏的明确定义

我们把查尔斯·H. 道 20 年前发表在《华尔街日报》上的一番话与利沃莫尔说的话对照一下。道氏在 1901 年 7 月 20 日刊登的这篇社论中说道：

"市场并不像在风中摇摆不定的气球。从整体上看，股市代表着那些有远见卓识又消息灵通的人经过深思熟虑而认真做出的努力，从而试图根据现行股市的价值或者可预期的未来一段时间的股市价值对股票价格进行调整。出色的操盘手们并不担心股价能否被抬高，他们关心的是他们建议购买的股票的资产价值能否让投资者和投机者们在未来 6 个月里按照比现行股价高出 10—20 点的价格买进他们建议的股票。"

请注意利沃莫尔巧妙表述的观点与超然、冷静的查尔斯·H. 道表述的更完善的定义是多么的相似。伯纳德·M. 巴鲁①曾在一战后的一次国会委员会上讲述过使他获利颇丰的一次股市交易。他轻描淡写地表示，他只是分析了某种众所周知的因素并明确地预测到由此可能对市场产生的影响。他还辩解，自己并没有得到所谓的"内部消息"，也没有哪位华盛顿政府部门的雇员向他出售过秘密情报，任何了解他的人对此都不会提出质疑。在华尔街，这种所谓的"秘密消息"几

---

① 伯纳德·M. 巴鲁（Bernard M. Baruch，1870—1965），美国金融家、股市投机大师、政治家和政治顾问。

乎没有任何价值，对于个股而言也许具有不正当的优势，但是完全忽视它们也不会造成多大的损失。而和这些秘密消息相比，出售它们的人通常更加没有价值。

▷ 有些人输得起

詹姆斯·R.基恩或杰伊·古尔德①、爱迪生·卡麦克②这些曾经的股市风云人物在过去取得了令人瞩目的成就。即使换作具有他们同样头脑和才智的人，并且愿意潜心学习取得股市成功所必需的知识，也不可能取得他们的成就。而杰西·利沃莫尔与伯纳德·M.巴鲁的做法为什么会招致抨击呢？因为他们虽然同意以卖家价格买进股票，但是他们拒绝购买捆绑了"附加条件"出售的股票。卖家总会认定自己开出的条件是理所应当的，仿佛买家照单全收是天经地义的一样。假如卖家是一名羊毛制品批发商，出售他在美国羊毛股票中的投资；或者卖家是一名银行家，预见到美国钢铁公司将面临来自国外的毁灭性的竞争，所以出售自己持有的所有美国钢铁公司股票；而且这两名卖家都认为自己的信息来源要比投机者的信息来源更可靠，那么双方都会承担风险。虽然某

---

① 杰伊·古尔德（Jay Gould，1836—1892），美国铁路公司总经理，19世纪美国铁路和电报系统巨头、"镀金时代"股票市场的操纵者，在1869年对黄金市场的狙击导致了被称为"黑色星期五"的大恐慌。
② 爱迪生·卡麦克（Addison Cammack，1826—1901），华尔街股票经纪人、操盘手。

些人这样的做法常常失败，但是他们并不怨天尤人。笔者认识许多这样的交易者，却从未听他们在失败时发牢骚或者在成功后夸夸其谈。

▷ ‣ 有些人输得没有风度

但是，还有一小部分赌徒式的投机者对华尔街持有狭隘的看法，妄图凭自己的小聪明对抗训练有素的头脑。他们的对手不仅包括华尔街的广大投机者、纽约证券交易所的场内专业交易员，还包括那些因工作需要而必须研究商业状况的人。这种赌徒式的投机者是没有风度的输家，却经常表现得口若悬河。假如这种人或者依附于他的人能在初次冒险时就接受教训，大骂华尔街是险恶的赌场之后与华尔街划清界限，那么也算他们走运。如果股票市场充斥着这种人，华尔街将真的沦为赌场。不过，就我们国家经久不衰的信誉而言，我们可以信心十足地认为事实并非如此。

▷ ‣ 拒绝成为杰伊·古尔德的合伙人

就像当时所有的新闻界人士一样，查尔斯·H.道十分了解杰伊·古尔德，也很欣赏他那种根植于不可动摇的意志中的自信。道氏曾在一篇社论中指出，古尔德取得股市中的地位主要是靠价值分析。他大量买进股票以试探市场，通过观察公众的反应检验他对市场的预测是否准确。如果公众的反应并不是他所期待的，他将毫不犹豫地在损失了1点以后卖出出局，以便重新冷静地考虑自己应该如何行动。多年以前，在新街（New Street）这个任何投机市场都有的一个令人厌恶的场外市场①附近，有一个可怜的流浪汉诚实地说，杰伊·古尔德曾经邀请他成为自己的合伙人。笔者现在已经记不起那个流浪汉的样子，但是就在几年以前他还是纽约证券交易所里一名大有前途的年轻交易员。他在交易所大厅里执行交易指令，工作极为出色。股票交易员是一项艰巨又细致的工作，要求工作者要像大联盟职业棒球明星那样具有瞬时判断和行动的能力。

杰伊·古尔德的许多订单都是委托这个交易员完成的。自不必说，古尔德绝不会将他的全部订单都委托给同一名交易员。古尔德对这个年轻人的工作十分满意，因此他邀请这位年轻人成为自己的有限合伙人。令古尔德先生奇怪的是，这个年轻人拒绝了他的邀请。这个交易员说："古尔德先生，我执行过你的许多订单，在我看来你是输多赢少，这可不是我愿意参与的事业。"他并不知道一叶障目的自己看到的只是古尔德众多交易中的很小部分而已。机会主动找上门来，几乎得来全不费工夫，然而这个年轻人却暴露了自己的目光短浅、不堪重用。实际上之后的情况证明，他的执行判断力也不足为道，因为他后来从华尔街流落到新街，想必又从新街

---

① 场外市场指在交易所外由证券买卖双方当面议价成交的市场。它没有固定的场所，其交易主要利用电话、电报、传真进行，交易的证券以不在交易所上市的证券为主。

流落到了街头。其实，很多人都被机会召唤过，却很少有人能够抓住机会。

▷▸ **精明的交易者**

任何领域中的稀缺人才都会因其凤毛麟角的存在而得到巨大的回报。那些把股市当作赌场的外行人从一开始就搞错了。他们总是患得患失，亏损时仍然继续持有；可是当市场如其所愿上涨时却见好就收，随后市场继续上涨他们又连连后悔。他们妒忌股市投机商，指责他们对骰子做手脚或者在纸牌上做记号，没有按照自己的套路出牌。无论他们多么相信自己的判断，一旦市场的表现与他们的看法相悖，或者不能证实他们的推断，他们就会立即撤出市场。正如古尔德经常表现的那样，他们可能已经远远走在了市场的前头。笔者在华尔街遇到的最精明的人是一位刚刚过世不久的教师，这个人曾经是一位古典文学学者，以收集珍稀古币为乐，但是他的正经事业却是投机。他为了赚市场差价，同时节省经纪人佣金，从未入伙证券交易所。他亲力亲为，坐在客户操作台前或者股票报价器旁进行投机交易。然而这个人凭借其判断、研究、谨慎的作风，最重要的是迅速纠正错误的能力，每年至少赚得 3 万美元。他去世时年纪已经很大了，留下来一笔可观的财富和珍稀古币收藏，这些古币现在也价值不菲了。

这位投机者根据自己对股市价值的分析选择股票，同时研究市场的运动趋势。他总是满怀信心地买进股票，同时做到量力而行。如果市场运行没能如其所愿，他也能接受上千股股票下跌 2 个点的损失，随后毫不犹豫地及时平仓止损。一旦发生这种令人沮丧的情况，他说如果这时不退出股市就不能形成一种客观的视角，从而无法形成正确的判断。其实，他最初的资本只够培养一名医生或律师接受教育，或者让他们开场执业的费用。他全身心地投入自己的事业中，但绝不是一个自私的人。在牛市的初期他总是专注于股票投机，而当牛市快结束的时候，他通常到欧洲各地旅行，收集一些古币充实他的收藏。他这样的人并不是特例，笔者还能列举出许多像他这样的人的名字。但是笔者再次举例的用意并非鼓动人们都以投机股票为业，即便有些人已经具备了投机者特有的过硬技术和道德素质也要三思而行。如果你已经拥有了自己喜欢的事业，并且这项事业可以让你轻松赚得利润，那何必还要去投机股票呢？反正笔者是不会这样做的。

▷ ‧ 锅炉的仪表

本书从开始至此已经讨论了一些见解深刻的问题，也讨论了许多不太相关的问题，有一个问题兼具这两种性质，即从经济学角度而言，职业投机者的存在是否必要？笔者不打算把这个问题变成学术上的经济学争论，更不想把它变成抽象的道德问题。笔者只是如实地介绍股市晴雨表及其具有的强大的实用功能，因此有必要解释其绝不复杂的机制。股市晴雨表既不像简陋的三脚水银柱晴雨表那样简单，也不像高度精密的无液晴雨表那样复杂。至于笔者本人是否愿意成为一名职业投机者，则是题外话了。我们不需要借助 2400 年前的古希腊式的逻辑推理也可以明白，浪费时间的话题是不需要争论的。

从各个方面来讲，分配的重要性绝不亚于生产，而华尔街最重要的功能就是分配资本。职业投机者的作用就像家用暖气锅炉的压力表一样。华尔街是这个国家金融业的巨大发电厂，压力表对于了解蒸汽压力是否超过锅炉的受压能力绝对不可或缺。请注意不要混淆我们在此处使用的比喻，因为每个人都可能会联想到安全阀门。股票市场的作用就像安全阀门，但又不止于此。无论职业投机者的个人动机多么卑劣或者多么无知，他们都是股票市场这部机器上必不可少的有用的组成部分。在股票市场运转的过程中他可能变得很富有，但这并不是我们要讨论的问题，除非我们认为拥有个人财富是邪恶的。还有一种人认为，财富及其产生的动力只会带来嫉恨，而不是促进竞争。如果我们不能立法让每个人都富裕，就只能立法让每个人都贫穷。简单地说，就是要完全取消股票交易所。然而，只要股票市场还存在，我们就应该去理解它。或许我们可以在研究的过程中找到可行的方法，改进我们的晴雨表并增强它的实用性。

第八章

股票市场机制

前文已经表明，正如平均指数所反映的那样，操纵行为从未也绝无可能对股票市场的主要或者基本运动产生实质影响。主要牛市或熊市所蕴含的驱动力量并非市场操纵可以掌控的。但是，在道氏理论所涵盖的其他股市运动中，尤其是在牛市中的次级下跌、熊市中对应的次级反弹，乃至从不间断的第三种运动（也就是日常波动）中，市场操纵还存在一定的可能性。但这种可能性也仅限于个股或者品种不多的小板块，而且是由某些影响力极大的事件所引发的。例如，一次对石油板块的突袭，或者突然做空石油板块比如做空墨西哥石油（Mexican Petroleum）的股票，很容易产生惊人的短期影响。这样做或许会将实力弱小的持股人逐出市场，也有可能会迫使一些做空者补仓，视具体情况而定。这种市场操

股市晴雨表·第八章

072

纵行为的行话叫作"超短线交易"①（scalping），它常见于市场的次级运动中自有一定的原因。

▷ᐧ 交易员和冒险者

每一种主要市场运动，不论牛市还是熊市，往往都会持续更长时间。就像交易员们所说，牛市中通常有太多的公司做多，而熊市中却相反，总有太多的公司在"借股票"做空，因为"贷款炒股人群"在不断增多。"借股票"会产生额外费用，就像伦敦证券交易所的"交割延期费"（backwardation）。这类似于伦敦所说的"现货溢价"。这是专业人士大展身手的机会。从市场买入卖空或试销的股票，尝试运用市场的力量，看似不明智，实则受益非凡。小的投机者，尤其是冒险主义者，就饱受专家的手段之苦。他们遵循"技巧"和"直觉"，对进行交易的股票没有什么研究，对于二手信息也不会鉴别，没有分辨信息好坏的能力。起初，他们在市场上没有任何业务，市场没有他们的参与也运行得很好。如果有人认为是他或者他们这类的人在维持证券交易所的业务，那就大错特错了。每一位股票经纪人都会标榜，自己的客户随时都能获得最灵通可靠的情报。当然，如果一些不懂装懂的人非要和一群游戏精英在一场专业性很强的游戏中进行博弈，那他们必

---

① 超短线交易是指利用股价的强势涨升趋势和某上升阶段进行操作，通过快速周转资金，始终把资金放在有快速上涨潜力的股票里面。这种操作也叫作"抢帽子""剥头皮"。

将损失惨重，而且只能怪自己。但实际上，这群输家却大声指责华尔街。其实大部分经纪人把自己的很多时间花在了保护客户的利益免受自己无知行为的伤害之上，这是一份吃力不讨好的工作。可惜不管怎样，愚蠢的人总是留不住自己的财富。

▷ ▸ 欲加之罪　何患无辞

但是，显然上文提到的那种投机交易并不是投机交易的主流。其于主流的投机而言，就如同日常波动相对于主要市场活动而言。当然，每个人的认知程度是不同的，如果把股市中的投机看作一种赌博，认为只有别人承受了同等的损失自己才会赢得这场博弈，这是一个致命的错误。在牛市中，不管赢家赚多少钱，输家也不会赔一样多的钱。实力弱小的持股者在次级反弹中惨遭淘汰，也会错失部分利润。并且，在次级运动的筑顶阶段，很多人无法判断股票价值，买入全凭运气。他们寄希望于甩锅给那些更加贪婪的人，而实际上，他们更容易遭受损失。

目前对于华尔街的谴责，似乎已经演变成给人一个坏名声让其翻不了身的真实案例。职务犯罪的银行职员通常会做出这样的事情。他们其他所有的交易和合同都有据可查，但法院却很少要求对其名下的投机账户进行核查。他们闭口不提自己嫖娼、赌博或者其他不正当手段及挥霍他人钱财的不光彩事迹，反而口口声声控诉"华尔街抢劫"了他们的钱财。

而那些感情用事的人则重新相信他们，对邪恶金融区的诱惑流露出恐惧之色，这些人甚至都没有下功夫去了解金融区最简单的功能。

一个小投机者之所以不成功，在于他恼于不能在股市上挣钱，却不会去思考真正的原因。他拿着一些专业术语去欺骗那些对股市知道得比他还少的人。他热衷于谴责"专家"以及场内交易员。他将这些人比作赌场的庄家，还说他们还不如赌场的庄家正派，因为他们比庄家所拥有的机遇要大得多。就拿场内交易员来说，虽然他们优势相对较小，只能让他在那些纯粹靠猜但却想在活跃的市场攫取丰厚利润的新手面前站住阵脚，但这优势却也是真实存在的。一个合格的经纪人不会鼓励外行人只凭猜测做交易。笔者有几个在华尔街特别熟悉的经纪人，他们都是尽其所能摆脱那些可能成为麻烦精而不能给他们带来任何资产的人。事实上，通常他们要摆脱的人都是麻烦精。

▷▸ 场内交易员和市场价差

笔者并不打算写一本关于华尔街和证券交易所的书。这些领域都有优秀的著作对其进行说明。笔者认为现在需要做的是足够清楚我们这晴雨表的机制，尤其是要弄清楚那些可能被误解但是却会对股市造成影响的因素。我们可以说，场内交易员必定是证券交易所的会员，通常还是股票经纪公司的合伙人。他能够不受外界限制地自主进行交易，而且不用给自己付佣金。在对市场趋势的把握上，场内交易员相对于场外交易者更具优势。而这里所谓的市场趋势，就是指买方报价和卖方报价之间的差价。股市越活跃，这个差价也就越小，但平均而言是股票价格百分之一的四分之一，也就是0.25％。假设美国钢铁公司普通股的买入价是90.50美元，而卖出价是90.25美元，那么卖方就不能指望卖出高于90.25美元的价格。同时，买方则必须以不低于90.50美元的价格买进。场内交易员通常会对这个价差有所保留。当然这是为了他自己而不是客户。他可以以90.375美元的价格成交，甚至直接以卖方的价格成交。无论他怎么做，都会从某种程度上影响股市的日常波动。实际上，这意味着场内交易员都可以把握市场价差，但是外部投机者却不行。交易员平时会在证券交易所收市时将账面上所有交易做平再下班，他们不会拘泥于偶尔出现的亏损，也不会因为交易做平而喜不自胜。

▷ ‣ 对　敲[1]

显而易见，场内交易员的优势在于能够赚取 1 个点左右的价差，从而获得一定的收益。如果客户也想赚得差价，就需要在股票卖出和买入时分别支付 0.125％ 的法定佣金给经纪

---

[1] 对敲也称为相对委托或合谋，是指行为人意图影响证券市场行情，与他人通谋，双方分别扮演卖方和买方角色，各自按照约定的交易券种、价格、数量，向相同或不同的证券经纪商发出交易委托指令并达成交易的行为，即一方做出交易委托，另一方做出相反交易委托，依事先通谋的内容达成交易。

人，而市场价差刚好也是 0.25%，相当于双向佣金之和。因此，这样做才真的是一场赌博，搞不好连一分钱也赚不到。某些三流经纪行会鼓励客户这样做，因为他们需要一直寻找新客户下手，只要有机会就尽可能地把客户的钱骗个精光。三流经纪行的客户提交的委托订单没有一单会真正在证券交易所执行，而是被经纪行的老板利用，利用对敲借机捞钱。但是，我们将证券交易所本身以及投机市场看做交易的晴雨表，所以对敲行为不属于证券交易所的管辖范围。当然，如果警察愿意的话，随时可以叫停在交易所之外的对敲行为。

▷▸ 满足老客户

如果客户坚信他所买的股票有望卖出更高的价格，要通过买入获得丰厚利润，或者有能力直接支付购买股票，佣金和市场趋势的重要性就有限了。这种客户就是证券交易所努力为之服务的客户。有一个自 1870 年以来一直营业的交易所最近改名了。至少有一位客户在此交易 50 年了，还有很多客户在此往来也在 20 年以上。这么看起来似乎局外人在华尔街并没有总是赔钱，又似乎损失不可避免并非商业环境使然。

经纪公司和其他任何公司一样，总是在努力争取新客户，就像报纸或杂志努力争取新的订阅人一样。但有经验的经纪人会告诉你，虽然广告会带来新客户，但只有公正无私的服务才能留住他们。笔者注意到，华尔街真正的成功人士总是不善言辞，这让人感到奇怪。经验让成功人士选择守口如瓶，所以他也完全不善于交流。而大多数情况下，不成功的人似乎无法承受失败的后果，总是喋喋不休，这也是他们性格的根本缺陷。不成功的人习惯性地说得太多，想得太少。

▷· 不致歉也无须致歉

这不是向股市致歉。我们的老朋友、不情愿成为继父的乔治三世[①]并非因为他的才智而著名，而是当他全身心投入研究主教沃森[②]所著的著名书籍《向圣经致歉》[③]（*Apology for the Bible*）之中提出的"圣经还需要致歉吗"，并因此闻名。因此，我们也要满足于只解释股市的部分机制，这样可以帮助我们全面理解国家商业晴雨表的性质和用处。

特定股票的"交易专员"某种程度上相当于"股票经纪人"，或者与伦敦证券交易所的"经销商"更接近，又或者类似于场内交易员。他们仅就一两只活跃的股票进行交易，并且还接受其他股票经纪公司的订单委托。这些人很少被理解，经常被中伤。人们误以为他们会习惯性或者至少偶尔滥用他们特有的机密职权。这些交易员会根据经纪人的指示，在意

---

① 乔治三世（George III, 1738—1820），1760 年 10 月 25 日登基，1801 年 1 月 1 日后因大不列颠及爱尔兰组成联合王国而成为联合王国国王，直到 1820 年驾崩。

② 主教沃森（Bishop Watson）即理查德·沃森（Richard Watson, 1737—1816），英国国教主教、学者。

③ 英国国教主教理查德·沃森，针对托马斯·潘恩（Thomas Paine）的著作《理性时代》中反对基督教条的观点多次写信商榷，后结集为《向圣经致歉》。

料之外的下跌出现的时候以某个价位或者低于市场价出售"止损"卖单卖出大量股票以及时控制客户的损失。有人认为，这些股票交易专员为了个人私利会操纵股市下跌，但实际上仅仅是操纵股市的嫌疑就能让他们门庭冷落、声誉扫地。这样的案例笔者只知道一个：一位交易员因为类似的行径被证券交易所炒掉了。

交易所场内的交易都是口头形式的，没有书面合同，甚至没有见证人。合作各方的信用都是确定无疑的，笔者几乎想不到对这个存在疑问的例子。偶尔会出现误解不可避免，但这些误解会按惯例进行纠正。如果交易专员忽视或者损害雇佣他们的经纪人的利益，就不可能接得到生意了。他们在这个行业中的生存与发展离不开这种职业准则。

▷· 职业交易员影响有限

活跃的空头交易员对平均指数能有多大影响？在市场的主要运动中，空头交易员的影响可以忽略不计；在市场的次级运动中，会造成些许影响；在最不起眼的日常波动中，他们有时能对某些特定股票产生较大的影响。但是，以上均不会对我们的股市晴雨表产生任何值得引起注意的影响。让我们回忆一下两种平均指数所使用的 20 只铁路股票和 20 只工业股票的特征。这 40 只股票都符合纽约证券交易所的严格上市要求，而且每家公司都会定期发布极其详尽的经营报表。没有任何一种具有市场价值的所谓"内部情报"能够影响到这

40 只股票当中 1 只以上的股票。

　　如果说一定有什么影响的话，其中一只股票也许会意外不派息分红或者意外增加派息。但实际上，当这种影响扩散到同板块的其他 19 只股票时，也就微不足道了。笔者想不出任何有助于说明这一点的例子，但可以假设意外的派息行为造成股价产生 10 个点的波动，那也只会造成平均指数出现 0.5 个点的日波动幅度。而且如果股息操作没有导致一般商业状况的变化，平均指数的小幅波动几乎可以立即恢复。如果一般商业状况受到影响产生了变化，那我们可以完全确定这种变化已经体现在股票市场中。因为股票市场对商业状况最为了解，比任何一家公司的董事会都了解得多。

▷‣ 卖空必要且有用

　　我们在这里讨论卖空交易的道德属性是完全不合适的。的确，卖空盈利的前提必然是让别人赔钱，而买空即使在最坏的情况下也能赚取他人因疏忽而错失的利润。但在任何自由市场中，卖空带来的利远大于弊。实际上，如果真的没有卖空的自由，那么市场将会岌岌可危，在任何发展阶段都极易爆发恐慌。伏尔泰曾说，假如这个世界没有上帝，那也很有必要创造一个出来。追根溯源，卖空交易早已有之，当伦敦证券交易所的前身还在康希尔街①（Cornhill）的乔丹咖啡馆②早期发展时就已经出现了。

不久之后，卖空就演变成一种必要的交易。令人感到奇怪的是，伦敦证券市场发生的几次最严重的暴跌都不是在疯狂投机的股票中，而是在英国法律禁止卖空的银行股中。当年，正是某些孤立无援的银行股所承受的压力加剧了1890年的巴林银行（Baring）危机③。在一个不断下跌的市场中，靠卖空来救市无疑是最有效的。在上面这个特定的情况中，正是由于缺少卖空的条件，只能依靠仓促创建的银行家联盟试图挽救股市的毁灭性暴跌。1922年，伦敦证券交易所在原来的基础上进行了重组。自此，政府没有进一步干预和调控，英国议会废除了这项禁止银行股卖空的法律以及附加条款（完整、持续的信息披露始终都是公众利益的最佳保障）。

▷ ▪ 上市要求条款的保护作用

20年前，查尔斯·H.道撰文阐述了投机交易，同时表述了他的市场运动理论。如今已经在纽约证券交易所场内自由交易的一些工业平均指数成分股当时还被称作"非上市证

---

① 康希尔（Cornhill）是伦敦历史核心和现代金融中心伦敦市的一条街道，介于银行交叉口和利德贺街之间。
② 乔丹咖啡馆（Jonatha's Coffee House），17—18世纪英国伦敦的一个标志性会面、交易的场所，被公认为是伦敦证券交易所的前身。
③ 英国巴林银行由于较为冒险的政策而过分认购阿根廷及乌拉圭的债务，致使陷入严重的财政危机，促成了英国的1890年经济恐慌。

券"。现在我们很难想象《华尔街日报》会将道琼斯工业平均指数的某只成分股称为"盲资公司"[①] 的股票。不过，如果是在亨利·O. 哈佛梅耶[②]的时代，《华尔街日报》会毫不犹豫地将这种称号以社论形式用于形容美国糖业公司身上。纽约证券交易所的非上市证券部门的剔除可以说是最值得认可的从内部改革的案例之一。改革遭到一些保守派股票交易所的强烈反对，主要是那些大量受益于这种恶性既得利益的人。现已过世的机构前任主席，曾在他的客户面前大声指责笔者，因为笔者提倡改革非常必要。他说，正是笔者这样的"煽动者"毁了他们在华尔街赖以为生的事业。他还将笔者撰写的相关财经新闻稿从他的办公室里扔了出去。

　　但是他的客户不以为意，又捡了回来，这让他很没有面子。目前，美国糖业公司、联合铜业公司以及其他原非上市公司的股票仍在纽约证券交易所进行交易。通过前车之鉴，这些公司已经明白，如果它们拒绝遵守信息披露条款，其管理层就会饱受质疑。而声誉良好的公司都会全面而谨慎地贯彻执行这些条款。纽约证券交易所的经纪行自然对外界支持的改革不以为然，但笔者也从没听说他们中有人建议恢复"非上市证券部门"。

---

① 盲资公司指证券交易所未上市的公司。
② 亨利·O. 哈佛梅耶（Henry O. Havemey，1847—1907），美国企业家，1891 年创立美国糖业公司。

▷ 联邦公司式治理

我们在上文的讨论中提到，应该采取进一步的措施保护公众的利益，但不是指制定所谓的"股票买卖控制法"。这些股票买卖控制法只会让诚信企业陷入麻烦而不能有效防止欺诈行为。在这节讨论中，笔者会简要地列出英国为保护投机者和投资者的权益所做的明智且成功的方法。根据1908年的公司（合并）法案，伦敦证券交易所在其于伦敦萨默塞特宫①注册后有权经营任何证券交易。不过在计划、合同、佣金和其他一切情况完全报告清楚之前，公司不能进行登记。因此不管公司的计划有多么冒险，投机者从一开始就对它们了如指掌。在此之后，根据这一法规，旧的习惯法规——即买主自负其责——开始在上市股票公司盛行。一般都认为，买方应该在萨默塞特宫花上1先令，弄清楚名下财产、财产来源和目前的情况，就能保护自己。

毫无疑问，会有各种无知的人反对这种联邦公司通过限制邮件的使用执法保护大众。但笔者相信，这项工作当然应该秉承严格的无党派精神来完成，而且可能会完成得很好。纽约证券交易所尽其所能保护其成员和客户，但纽约场外市

---

① 萨默塞特宫（Somerset House），是英国伦敦中部的一幢大型建筑，位于河岸街的南侧，俯瞰泰晤士河，西邻滑铁卢桥，历史上有多个重要机构入驻。

场协会①本身只是一个未上市的部门。笔者相信其管理机制不会存在诚信和能力问题，因此笔者对其成员也不做探讨，但迟早它会成为危险和丑闻的源头。假如纽约场外交易协会的某个成员披露其交易事实就会遭受损失，那么他们就是在犯和纽约证券交易所的会员一样的愚蠢错误。因为纽约证券交易所拒绝强制执行上市准则，也没有对不遵守上市准则的公司进行退市处理。

▷ · 从内部进行真正的改革

不过，笔者绝不赞同近些年来进行的任何愚昧无知的所谓"改革"。要知道这样的"改革"已经让我们付出了沉重的代价。就笔者个人经历而言，证券交易所的标准正在日趋完善，这是为了保护投资者和小投机者的永久性优势（归根结底，后者是前者的雏形）。在道氏的时代已经成为惯例的交易方式到如今已不被人接受。在未来任何的牛市行情中，像詹姆斯·R.基恩在发售联合铜业公司股票时那样的大规模操纵都是不可行的。因为现在的纽约证券交易所要求公司披露信息，它们不可能再像过去那样凭空说服轻率鲁莽的私人投机者相信新成立的联合企业股票价格将上涨到其账面价值的4倍。甚至在那个时代，"虚假交易"主要也是公众凭想象虚构

---

① 19世纪至20世纪初，有些人于纽约市华尔街的街头买卖未上市股票，这个市场被称为"场外市场"；1910年，"场外市场"成立了"纽约场外市场协会"。

的故事，任何重视其声誉不被质疑的经纪公司都会拒接"对敲订单"。证券交易所禁止虚假交易的规定需要从业人员在精神上全面领会，在行动上严格遵守。40年前，不论这项规定具体内容是什么，都不是一纸空文。更何况40年后，彼时诞生的美国工业新巨擘如今已经觉醒，并意识了自己的力量有多么强大。

第九章

晴雨表中的"水分"

　　笔者一直努力简化这些问题的讨论过程，极力排除不相关的因素。笔者的系列文章引发了众多的批评和评论，其中有些观点令人耳目一新、大有裨益，但是也有一些先入为主的观念和顽固陈旧的偏见。一位批评者或许读过笔者的一两篇文章，对这个问题有个大概的了解，他说道：

　　"如果我们连证券交易所中交易的股票都不能信任，那么我们怎么能相信你的晴雨表呢？你对过度集资的问题闭口不谈，这其中的水分又有多少呢？"

▷ · "掺水"的劳动力

　　"水分"这个词在今天的美国尤其不受欢迎。但是美国的金融中心在考虑商业前景时更关心的是掺水的劳动力，而不是掺水的资本。从劳动力中挤出这种水分的方法只有一个，那就是破产——耗资 100 万美元建成的工厂或写字楼的真正价值只有 50 万美元。纽约在第一次世界大战前的高工资和"怠工"年代建成的写字楼基本上都在房租提价之前就进行了某种形式的财务重组，其原因就是在建筑过程中劳动力的水分太多。股票市场就是处理股票中水分的一种迅速见效的简单方法，它的存在就是为了挤出这些水分，而这个过程并不需要走破产管理的程序。

"水分"这个词本身就是有问题的。你可能认为某个工业集团的集资活动是"有水分的"，那是因为你没有发现这样一个伟大的创造性组织的潜在价值。但是已故的约翰·皮尔庞特·摩根先生却能公正地、更明智地把这次集资视为一次预期增长。笔者将给出一个著名的美国钢铁公司集资活动的例子向读者说明：无论集资活动的性质如何，股票市场将永远根据股票价值调整股票的价格，从而迅速蒸发掉其中的水分。

▷ ‣ 挤出水分

概括而言，本书目前的研究对象是股市晴雨表，并且之前已经分析了股市的三种规律运动，即长期的主要运动、次级下跌或反弹运动以及日常波动。为了研究股市晴雨表的真相，我们还讨论了由两个股票板块——20 只表现活跃的工业股票和 20 只表现活跃的铁路股票——的平均指数。这些股票中任何一只的价格调整都必须以其各自价值为基础。股票交易所实际上是一个开放的自由市场，这个市场的任务是以价格为普遍基准调整不同的股价。20 年前，詹姆斯·R. 基恩通过操纵行为把联合铜业公司的股票价格提高到 130 美元，而那些最初按照票面价值发行却未成功的金融家们当时显然认为这只股票的价值仅有 100 美元。股票市场对股价的调整绝非一日之功，但是在一个事后看来并不算长的时期内，股票市场就证明了联合铜业公司股票在牛市中所能达到的最高点仅有 100 美元的观点是错误的。

这就是股票市场的功能，它必须兼顾股票的基本价值和发展前景两方面因素。在一次主要的熊市时期即将结束时，股票价格已经跌破价值线。持股人的清盘动机非常强烈，以低于正常价值的价格将自己持有的股票变现；实际上这个价格低于票面价值① （book value）——即公司的资产价值（包含其生产能力和商业名誉）。标准股的价格还会受到在场外市场交易的低值股价格的负面影响。任何银行都不会接受低值股作为贷款的抵押品。当银行被迫催还证券交易所的股票所抵押的贷款时，那些经过估值且公司资产管理出色的股票首当其冲，因为这些股票才有资格在银行进行抵押贷款。场外交易市场的股票种类总是在不断更新，因而具有极高的投机性。但是，场外市场的成交量总是有限的，而且实际上还需要更高比例的保证金才能得到保障。

---

① 股票票面价值又称股票票值、票面价格，是股份公司在所发行的股票票面上标明的票面金额，它以"元/股"为单位，其作用是用来表明每一张股票所包含的资本数额。

▷・ 股票收益与个人所得税

　　与此相反，股票价格在牛市的初期远远低于其真正价值，但随后会受到正如股市所预期到的全国商业状况的基本改善而上涨。在牛市长期的发展过程中，股票价值将逐渐被高估。当牛市进入尾声时，那些在牛市伊始并未意识到要抓住机会赚钱的公众就会仅凭对未来的错误预期而冒进地买入股票，这是由于他们获得的信息不充分所致。在华尔街拥有丰富经验的交易员们认为，当电梯服务员和街边擦鞋人开始索要"牛市小费"时，就应该卖掉股票去钓鱼了。1919 年 10 月初，笔者乘船到欧洲考察和报道英国与德国的金融状况，当时的股票市场正处于一次长期牛市的最后高涨阶段。当时流传着一种可笑的"牛市通货膨胀"的观点。炒股获利很多的人不会卖出也不可能卖出股票，因为他们在把账面利润变现之后将会使当年的个人所得大幅提高，其中很大一部分利润将被税务部门征收。我们在毛里塔尼亚号客轮烟雾缭绕的酒廊里对这种观点进行了一番讨论，最终至少有一些商人决定与"山姆大叔"共享自己的所得。这种"牛市通货膨胀"的观点本身就是荒谬的，因为它把多头账户描绘成所能想象的最不堪一击的那种。根据这种观点，多头账户就像一个引人注目的靶子，即使最拙劣的射击手也能把它打得千疮百孔。后来，波涛汹涌的大海冲走了毛里塔尼亚号的 5 只救生艇，还使无线电装置也陷于瘫痪状态，那次航行的最后 3 天里我们与外界失去了联系。当客轮抵达法国的瑟堡时我们才得知，股票市场已经走出牛市，帮助那些担心自己需要支付超额个人所得税的人解决了这个难题。到那一年年末，他们已无须再为此纠结，因为股市的账面利润已经迅速消失了。

▷ 高度分散的股权

超买市场中人为制造的虚高股价绝不可能永远保持上涨。因此投资大众保护自己的一个重要手段就是股权的高度分散。当华尔街的一个单独集团持有某只股票的全部股权（例如斯图兹汽车公司）时，这个集团就可以随心所欲地定义股票的市场价格了。但他们定义的不是股票的"市场"价格，因为这种情况下已经不存在真正的市场了。很久以前，亚伯拉罕·林肯曾说："你不能给狗的尾巴改名叫腿，然后说狗有五条腿。"平均指数中的所有股票的所有权都很分散并且合理。以宾州铁路公司（我们的平均指数中资本规模最大的铁路股票）或总量达 550 万股的美国钢铁公司普通股为例，每位股东的平均持有量还不足 100 股。对投资大众而言，分散的平均持股量实际上代表着安全性。

▷ "价值评估"与市场价格

本章的开头，笔者曾援引了一位读者的质问："股票价格的水分又有多少呢？"我们现在可以回答这个问题了。那么股票价格中的水分到底有多少呢？这位提问者并不能向我们证明平均指数的成分股价格中含有水分。我们还可以进一步告诉他，他也无法向我们证明整个证券交易所的所有股票价格（而不是名义票面价值）中含有任何水分。以铁路股票为例，就连由国会制定并由州际贸易委员会①负责实施的价值评估，都无法与正常年度的正常月份中的股票市场价格进行比较。这里的市场价格是指既未受高估前景的乐观情绪影响而大涨也未被迫清盘（主要是为了保护那些与铁路公司和标准工业公司毫无关联的不可出售证券和仓储存单）而受到打压的股票价格。

股票市场价格在调整的过程中充分利用了一切可用而且未受到操纵行为影响的信息和知识。自由市场在进行价值评估时会考虑到再生产价值、不动产价值、特许经营权、通行权、商业信誉和其他相关因素，这是任何由国会任命的评估委员会都无法企及的。如果州际贸易委员会对铁路公司的评估确实具有一点价值，那也不过是一种历史价值。即使州际贸易委员会对某种资产价值进行了正确的估计，采取了公正的评估方法，评估结果在公布的时候甚至在公布前几个月也已经过时了。但是证券交易所的价格却日复一日、月复一月、

---

① 州际贸易委员会（Interstate Commerce Commission，简称 ICC，1887—1995），根据美国《1887 年贸易法案》成立，主要目的是调控全国铁路运营，消除税率歧视，规范州际交通线路、电信服务等公共事业运营。

年复一年地记录这种价值，从牛市到熊市、从一个杰文斯周期①（Jevon's cycle）到另一个杰文斯周期，从未中断过。而美国和任何一个文明国度的银行家们都认同这种评估方法，并不断地向其中注入资金，他们可不会考虑州际贸易委员会的武断估价。

▷ ‣ 股票掺水的迷信观念

股票掺水的迷信观念在美国受到了大肆追捧，其滑稽可笑的程度令人叹为观止。按照每英里的资本量计算，美国铁路股票和债券的市值还不足英国铁路的 1/5，甚至还不如任何一个欧洲国家或英国的自治殖民地上归政府或私人所有的铁路。可是有人却认为美国铁路股票是股票掺水的典型代表。笔者在此不惧公开声明：相对于真正的价值，美国铁路股票反而资本化不足，本来就是对铁路资源不合理的浪费。谴责上市工业公司股票掺水的言论也同样荒唐。按照股票市场在1921 年的价格行情，这些上市工业股票不只是被挤出了"水分"，还被挤出了"鲜血"。

笔者写作此章时，美国钢铁公司的普通股的成交价格每股不足 80 美元。但是如果我们深入分析这家公司所提供的当今世界最详尽的信息，却可以发现它的普通股账面价值高达

---

① 英国经济学家威廉·斯坦利·杰文斯提出"经济周期"理论，由于太阳黑子运行周期约为 10 年，而太阳黑子运行会影响气候，气候又会影响农业，从而影响经济，所以经济危机爆发具有周期性，约为 10 年。

每股 261 美元。美国钢铁公司成立 20 年来新增投资 10 亿美元，而且由收益结转的新增投资在资产账户中仅有 2.75 亿美元。可见这家公司的资本并没有掺水。它的流动资产主要是现金，超过 6 亿美元，仅此一项就足以使股票账面价值达到每股 120 美元，那么水分在哪呢？5.5 亿美元的普通股资本看上去很庞大，其实只是相对较大而已。摩根将此称之为"明智地预期未来增长"难道不对吗？如果他在天有灵，一定会为自己的恰当表述而感到惊喜。

然而美国钢铁公司普通股和优先股的发行是由已故的詹姆斯·R.基恩在一次巨大的牛市中主要通过操纵交易来完成的，规模堪称史上空前。那么，这次操纵的结果又如何呢？这次操纵交易的目的是按每股 50 美元发行普通股，同时按票面价格发行优先股。如果当初以这两个价格买进股票的人在买进之后就对股票不闻不问，那么即使在市场价格经历了一次漫长的熊市之后又于 1921 年 8 月触底，他也不会感到后悔。

▷ · 根据价值买进股票

或许会有人指责笔者对美国钢铁公司普通股的看法过于乐观，因为笔者只为读者进行了这么简单的分析。这种根深蒂固的对华尔街的偏见又出现了。笔者陈述的事实都是有据可查的，任何人都可以去查证，至少对那些在 1921 年出手美国钢铁公司股票的人来说非常熟悉。不过他们卖出股票仅仅是因为他们缺钱，当时我们几乎人人都缺钱。在滑铁卢战役结果明朗前的一个星期，罗斯柴尔德①开始以 54 英镑的价格购买英国统一公债②。他的一位朋友不解，问他：为什么在战局不稳的情况下还要满怀信心地进行购买呢？他回答道：如果等到战局明朗，英国政府就不会以 54 英镑的价格发行统一公债了。他知道正是由于战果的不明朗，英国统一公债的发行价格必然低于其价值。而且在人人都缺钱的时候，罗斯柴尔德恰好又是为数不多的有钱人之一。相信没有人知道拉塞尔·塞奇③究竟是如何发迹的，但是他又的确有本事，能在恐慌时期比华尔街的任何人赚取更多的现钱。他热衷于持有速动资产和流动性资产、可以随时兑现的短期票据以及无条件的贷款和存款等可以变现的任何资产，这样做不是为了囤积居奇，而是为了在人们丧失价值判断力而出售股票时可以自由地买进。

▷ · 拉塞尔·塞奇的故事

关于拉塞尔·塞奇及其极度节俭的行为已经有了各种各样的故事。笔者并不想用"节俭"这个词，但也并不想称之为吝啬，因为他绝不是个吝啬的人。笔者还记得最后一次见

---

① 纳坦·迈尔·罗斯柴尔德（Nathan Mayer Rothschild，1777—1836），德国犹太裔金融家，迈尔·阿姆谢尔·罗斯柴尔德之子，生于法兰克福，为罗斯柴尔德金融帝国的创始人之一，执掌家族在英国的业务，晚年在伦敦逝世。
② 英格兰银行在 18 世纪发行统一公债（British Consuls），英格兰银行保证对该公债的投资者永久期地支付固定的利息。
③ 拉塞尔·塞奇（Russell Sage，1816—1906），美国大金融家。

到他的情形，那时笔者还是个年轻的记者，至少是个年纪尚轻的记者。当时笔者正努力搜集一家铁路公司的信息，而他和另一位在全国臭名昭著的——也可以说是声名显赫的——金融家一起控股这家公司。"说谎"一词在华尔街是几乎用不着或者根本不需要，因此笔者只好换一种说法，那位金融家"故意向我透露了一些编造出来的虚假信息"，如果不是笔者特别警觉，差点就被他欺骗了。于是笔者想到一个主意，不如去采访一下塞奇先生，看看塞奇先生的谎言是否与他的同僚有所不同，或许还能从这两个人的谎话的矛盾之处发现一些有价值的东西。带着这种想法，笔者去拜访了塞奇先生，他向来是新闻记者容易接近的人。

塞奇先生非常热情地接待了笔者，实际上只要不是出于钱的目的拜访他，他对任何访客的态度都是如此。笔者提出了想问的问题，可是他却迅速转移了话题，转而问道："您对背带有了解吗？"笔者心里很恼火，却仍然谦恭地回答，笔者对背带的了解绝不会比任何穿背带裤的人所了解的多。"那您认为这一条怎么样？"塞奇先生说着，随手递给笔者一条背带，这条档次很低，明显没有记者们一般穿戴的好，而记者们至少在当时还并不热衷奢侈的穿戴。"什么怎么样？"笔者反问道。"嗯，您觉得怎么样？我花了35美分买的。"塞奇先生说道。笔者本想来挖掘点新闻，却一无所获，或许笔者当时有点报复心理，便对他说："您上当了。在海斯特街花25美分就能买到一条更好的。"塞奇先生满脸不相信地瞧着笔者说："我不信。"但是他真的很在意。这不是多花了10美分的问题，况且海斯特街的价格是笔者随意编造的，这是一个原则性问题——他的价值判断力受到了质疑。

▷ · 股票价值与平均指数

读到此处，读者们应该已经明白，凡是拉塞尔·塞奇所交易的对象都是有价值的。他必然提前就了解它们的价值。也正因为他能够在其他人看来已经不具价值的时候清楚它们的价值，才能在去世后留下 7000 万美元的遗产。股市晴雨表能向我们显示股票目前的价值和未来可能的价值。想要正确判断一次长期股市运动将会把平均价格抬高到价值线以上还是压低到价值线以下，就要认真研读股市晴雨表。自查尔斯·H.道于 1902 年末去世以来，《华尔街日报》发表了众多利用股票市场分析基本商业状况的文章。笔者在翻阅这些文章时发现了一种应用平均指数的典型例子，也许会让读者眼前一亮，但笔者认为这个例子只能证明常识性的问题。如果有人总喜欢对你说"早就告诉过你会这样"，这种人一定是最不受欢迎的。不过，笔者在这里援引的例子并非特指某一个人。

▷ · 谨慎而正确的预测

在牛市和熊市之间的过渡时期可以对平均指数解读股市的作用做出最严格的检验。产生于 1902 年 9 月的一次熊市行情在第二年 9 月下跌至最低点，此后又经过几周甚至几个月的盘整，股市的主要运动趋势才发生明确的变化。然而，《华尔街日报》于 1903 年 12 月 5 日刊登的一篇社论在回顾了近几年商业基本良好的发展趋势之后写道：

"考虑到这一时期美国国民财富的惊人增长，考虑到新建铁路里程的增长速度远远低于铁路部门剩余利润的增长率，还考虑到铁路部门可供分红的剩余利润的增长率一直高于铁路股票的市场价格水平，以及现在可供分红的剩余利润占股票市值的比例又超过了自前次繁荣出现以来的任何时期的比例。我们或许应该提出这样一个问题：股市的下跌趋势是否仍没有触底？目前而言，至少已经有某些证据倾向于对此问题给出肯定的答案。"

▷ 一 次 牛 市 的 验 证

或许有人会轻松地说，即使没有平均指数的帮助，我们也能够想出这样的观点。但是上述观点并非凭空猜想，而是通过精确地分析股价运动推断出来的，况且当时主要熊市行情卷土重来的可能性仍然很大。这个观点正确地预测到牛市的到来，同时考虑到了做出此种预测必须具备的缜密性，因为毕竟股市运动的分析方法还处在尚未成熟的初始阶段。此观点所预测的牛市在 1904 年全年保持了上涨的势头，直到 1907 年 1 月才真正宣告结束。但是，大概在这篇根据平均指数分析商业状况的文章发表 9 个多月以后，《华尔街日报》又发文阐明了一个难度几乎同样大的问题：即当时已经得到全面发展的牛市行情是否还将继续下去。请注意当时股市已经持续稳步上涨了 12 个月，而且这股涨势还在不断增强，因此可以说股票价值已经被打了一些折扣。《华尔街日报》于 1904 年 9 月 17 日发文指出：

"目前显然还没有任何明显的证据可以让人们相信，铁路股票的价值在整体上无法保持最高位，而且随着时间的推移铁路股票的价格还将进一步提高。具体结果如何将在很大程度上取决于即将到来的冬天，到时候股票价格的基本趋势将会表现出明确的指征。从长期来看，股票价值决定股票价格。因此我们可以有把握地说，如果股票能够继续维持现在的价值水平，那么目前的股票价格则还没有上涨到足够的平均高度。

"我们还必须注意，黄金产量的持续增长也是一个最重要的推动因素，我们将来就会察觉到，黄金产量的增加会推高固定收益品种除外的证券的价格。"

▷ · 道氏理论的证明

请仔细体会引文中的最后一段话。我们已经充分理解，随着生活成本的提高，为取得固定收入而持有的债券的价格会下降。而且黄金产量的增加意味着美元金币①的购买力下

---

① 美国金币：美国 1849—1889 年期间铸造发行的金币，面值 1 美元。

降，因为黄金是世界通用的价值标准。虽然出售债券的公司认为任何影响其业务的言论都是极"不友好的"，但发表于1904年的上述社论指出黄金产量的增加会刺激投机，而且当年的股市已经领教到了这一点。当然，以上这些引文绝非教条，因为当时人们才刚刚开始理解道氏理论。我们应该看到，随着时间的推移，我们将看到道氏理论对市场状况及其前景的诠释将会更加明确。股票市场已经充分显示，当道氏创建了合理的股市解读方法之后，股市晴雨表极为迅速地证明了自己的用处。

第十章

"海面飘来一小朵云彩，宛如一只手掌"：1906年

我们在表述本书中涉及的理论时，必须预见到这些理论将会招致某些反对意见。而且我们需要阐明反对意见与本书观点之间的不同之处。没有什么观点比结构严谨、理由充足的假说更具有迷惑性，即使这种假说今后能够被证明毫无根据或者理由不足，其引申出的种种教条，似乎仍能继续存在下去。我们已经确立了包括股市主要运动、次级反弹或下跌运动以及日常波动三种运动的道氏理论，并由此引申出了一种非常贴切的解读股市晴雨表的可行方法。但是我们绝不能过于自信，必须认识到虽然任何规则都有例外情况，但是任何例外情况也应该能够检验规则的正确性。

▷ ▸ 旧金山地震

在这方面，1906年发生的情况是个值得探讨的例子。有人认为这是一次发展势头受阻的主要牛市运动，也有人认为

这是一次势头得到加强的次级下跌运动，两种说法见仁见智。我们前面曾经说过，大牛市和大熊市都有超限的倾向。如果股票市场真的能够无所不知，肯定能避免发生过度抬价或过度变现的情况，就像能自我保护免受自己预见到的任何因素的影响。但是我们必须承认，即使我们考虑到股票市场代表着关于商业状况及其影响因素的一切可获得的信息这个事实，股市也不可能对自己无法预见的情况加以防范。譬如，股市无法预见到 1906 年 4 月 18 日发生的旧金山地震和随后发生的毁灭性火灾。

▷· 巧妙地称之为火灾

如果你想和喜欢争吵的加利福尼亚人交好，那么最好不要当着他们的面提旧金山地震。因为在加利福尼亚提旧金山地震是一种没有修养的举止，那里的人宁愿只承认随后发生的火灾也不愿意承认发生了地震。我们或许认为那场地震的发生是无法回避的事实，但是加利福尼亚的支持者们却不允许外人产生"旧金山可能又会发生一次与上一场同样严重的地震"的普遍印象。从另一个角度来看，任何城市、任何地方都有可能发生火灾，火灾的发生丝毫不会损害加利福尼亚引以为自豪的气候和其他自然优势。洛杉矶人的质朴可爱无出其右，他们说："只要我告诉自己今天天气很好，那么今天就是一个好天气。"但是他们对地震的态度就完全不同了。那场地震把太平洋海岸变了个模样，根本不符合当地居民的口味。19 世纪初英国赫赫有名的花花公子博·布鲁麦尔曾说："衣服上破了个洞可能是不小心弄破的,这种情况任何绅士都可能遇到。但是给破洞的衣服打补丁的一定是穷人。"

▷ · 对股票市场的影响

然而,旧金山地震犹如一次晴天霹雳,让本已处于下跌状态的股票市场雪上加霜。读者们应该还记得劳埃德船舶保险公司(Lloyds Ship Insurance)的保险单把"自然灾害和战争"排除在保险责任之外的条款,这次大自然的异常行为就是一场意外,而且要解读股市晴雨表对这个例外年份的记录也必须花更多的精力。1903 年 9 月开始,一场牛市行情明显形成,并在 1906 年 1 月达到最高点。尽管当时没有出现商业衰退的迹象,可是股市也没有保持住这个最高点。一般来说,股票市场在牛市行情的顶部常常不会出现明显的抛售预警线。这种预警线特别容易出现在牛市行情的超限阶段,就如 1919 年出现的情况。1906 年春季,股市开始下跌,但是跌幅并不急剧,似乎预示着牛市行情即将回归,甚至就像地震发生时股市严重超买一样。我们一定还记得当时的损失有多么严重。那场地震在大片已经倒塌或摇摇欲坠的房屋的废墟上引发了一场大火,并且迅速蔓延到保险公司称为的"特大火灾"的程度。美国的保险公司和英国的保险公司都没有采用例外条款,很快支付了赔偿金以帮助受灾者。实际上,它们当时完全可以以地震是自然灾害为由拒绝赔付。反之,我们或许可以从汉堡的保险公司的表现中了解到一点德国人的行事风格。它们采取了相反的策略，拒绝承担赔付责任。从中我们或许已经领教到了德国人在战争和外交中的行为准则以及德国人对契约精神和竞技精神的理解。至少那场火灾之后，汉堡的火灾保险公司就几乎接不到美国的业务了。

▷▸ 在困境中合理预测

这次意外使股票市场突然遭受重击，出现了一次近似于恐慌的剧烈下跌。通过分析不难发现，造成市场恐慌的实际上就是突然的意外打击。股市在 1906 年 4 月末虽不能说已经失控，但是下跌的程度已经很严重了。20 只铁路股票的卖出价平均指数在 1906 年 1 月 22 日还是 138.36 点，到 5 月 3 日就下跌了 18 点；当时的 12 只工业股票的卖出价平均指数则从 1 月 19 日的 103 点跌至 5 月 3 日的 86.45 点。这两种指数的下跌似乎具有一种共性：经验表明，股市在恐慌之后会出现部分回调，之后又继续以缓慢得多的速度下探，并且会真正考验市场的强度。实际上，《华尔街日报》在 1906 年 7 月 6 日刊登的一篇文章通过分析平均指数预测到一次这样的回调，提醒人们关注这个情况。文章写道：

"通过过去多年以来对平均指数的记录，我们可以得出这样一条经验：由恐慌造成的股市下跌之后将紧跟着一次急剧的反弹，反弹幅度达到其所属主要下跌趋势的 40％—60％，然后又出现不规则的下跌，最终使价格回到原来的最低点。

股市似乎需要采取这种办法把那些实力较弱的持股人逐出市场。我们并不能判定旧金山地震造成的股市暴跌就属于恐慌造成的下跌类型。况且，当时铁路股票平均指数在反弹中已经恢复到 131.05 点，仅比地震导致股市开始下跌之前的水平低 1.61 点。然而，这次反弹的跌幅又的确相当于自 1 月 22 日下跌以来的 60% 左右，同时这次反弹过后的市场走势也完全类似于恐慌性反弹之后的市场走势。因此，我们似乎可以合理地把这样的大量抛售变现视同恐慌后出现的抛售变现，并且推定这两种抛售变现都是不可或缺的。"

▷ ' 灾难的严重程度

经过这么长的时间之后，我们或许已经很轻松地遗忘了旧金山地震的严重程度。据估计，地震造成的直接损失达 6 亿美元。安泰火灾保险公司（Aetna Fire Insurance Company）表示，赔付这场特大火灾耗尽了公司 40 年的积蓄。如果说美国实力最雄厚的火灾保险公司（也是全球实力最雄厚的火灾保险公司）都为这场灾难付出了如此沉重的代价，那么其他领域受到的影响就可想而知了。有些目光短浅、盲目乐观的人自然会认为，火灾毁坏了大量窗户，就能为玻璃安装工人和玻璃生产商创造新的工作机会。但是，安装新窗户的前提是必须制造新的产品，正如克洛德·巴斯夏①所言，如果窗户没有被毁坏，生产新产品需要的资金就可以省下来另作他用。如果盲目乐观者们的观点是合理的，那么把美国的所有城市都烧为平地就是一条通往繁荣的捷径了。

我们可以看到铁路股票遭受的损失要比工业股票更严重，而且我们还应该注意到铁路股票的相对价格和绝对价格都比工业股票高出一个等级。但是，当股市出现突如其来、打击信心的下跌时，持股人通常会卖掉一点手中还能找到买盘的筹码，而留下自己手中已经找不到卖盘的筹码。正如《华尔街日报》当时指出的那样："在一次恐慌中，第一次下跌是由于股民的恐惧，而第二次更缓慢的下跌则表明股市信心受到了普遍打击。"在谈到 7 月 2 日的股市走势时，该文继续指出："股市价格线远远低于价值线，这是牛市即将出现的征兆。"

▷ 牛市中的下跌反弹

上述推断后来被证明是正确的，而且此后我们习惯认为这轮牛市行情开始于 1903 年 9 月，真正结束并逐渐转向熊市的时间是 1906 年 12 月，而不是在 1906 年 1 月。就在上文援引的这篇文章发表时，市场正在形成一条体现筹码集中度的曲线，证实了分析家们的推断。这次预测很快得到了证实，

---

① 克洛德·弗雷德里克·巴斯夏（Claude Frédéric Bastiat, 1801—1850），"破窗理论"的提出者。

于是《华尔街日报》在 8 月 21 日再次发文从平均指数的角度讨论市场的走势。当时的股票市场十分活跃，文中指出，那种认为单个利益集团在周末的 2 小时交易时间内就能操纵 160 万股交易的观点是极为荒谬的。这是一个基于过去 15 年的经验得出的正确论断，我们在分析操纵行为有限的重要性时也得出过这样的结论。《华尔街日报》在那篇文章中继续写道："我们只能假设从 1 月 22 日到 7 月 2 日的长时间下跌代表着一种在牛市中出现的下跌趋势在某种程度上的延续。"

▷ · 平均指数的推断一贯正确

请注意这个正确的推断是在股市行情变化之时得出的，而不是事后得出的。依据过去 20 多年的市场实践，笔者可以轻松地证明自道氏理论创建以来这类推断的可信性。同时，认为道氏理论可以绝对精确地指出股市主要运动间转折点的观点也十分荒谬，用它来预测意外事件就更不切实际了。但是从那些每天都在使用晴雨表的人的角度来看，研究价格运动是非常有用的：他们对正在形成中的主要运动的分析结果总是正确的，只是具有迷惑性的次级运动会让肤浅的观察家们把牛市当成熊市，或者把熊市误判作牛市。

据传（疑为杜撰），詹姆斯·R.基恩曾说，股市判断正确率只要达到 51％他就心满意足了。笔者不相信他的原话是这样说的，因为他肯定早就知道需要更高的判断正确率，否则根本无法收回经营成本，更不要说成群地饲养赛马了。记录下来的数据所表明，通过研究价格运动得出的推断基本上总是正确的。查阅了历史记录之后，笔者可以问心无愧地认定，并未发现任何严重错误地诠释股市晴雨表含义的例子。以晴雨表为基础做出的研究分析都能在公众明白自己的想法之前就预测到他们对于商业情况的看法。如果说出现过什么错误的话，那也主要是因为通过分析股市晴雨表来预测市场的次级运动几乎是不可能的。预测股市次级运动要比预测主要运动困难得多，正如美国气象局更容易预测大片地区的天气却很难说纽约明早是否会下雨一样。

▷▸ 熊市的酝酿

就在这次牛市将要达到顶点的时候，《华尔街日报》发出了警告。1906 年 12 月 15 日，《华尔街日报》发文指出，大盘，尤其是 20 只活跃的铁路股票的平均指数走势已经形成一条"曲线"，一旦平均指数跌破这条曲线，就预示着下跌运动即将到来。这个预测只是认为在一个已经持续 3 年的牛市行情中有可能出现熊市运动，此时认定出现了真正的转折点还为时过早。铁路公司股票的巨额收益从哈里曼铁路公司（Harriman）1906 年宣布了轰动一时的分红政策可见一斑，但到了 1907 年年初已经开始被货币的高利率所抵消。就像我们很快看到的那样，高利率已经开始警告股市和商界注意当年晚些时候将发生严重的危机了。当全美银行体系的储备基本上被瓜分殆尽的时候，即使以高利率贷款也无法获得短期同业拆借。因此，银行系统自1893年恐慌以来首次求助于票据交换所的流通券。

1907年1月，表现活跃的职业交易员们都在抛售股票。政治干预开始让投资者们忧心忡忡，到这一年年底甚至出现了纷纷撤资的局面。股票市场其实早就开始下跌了，然而值得指出的是，人们在过了很长时间以后才决定接受此前长时间持续的牛市行情已经被一轮大熊市运动所取代这个事实。1月份股票价格的下跌总是困扰着股市，因为一年中的这个时候在正常情况下应该呈上涨趋势。同时，这个时候的利率很低，前一年的利润开始转化为再投资。更重要的是，这个时候的华尔街特别不乐意听到消极的言论。正如笔者多次强调的那样，在美国的某些地方，预知厄运的预言家是根本不值得尊敬的。

▷‣ 繁荣时代和下降的晴雨表

在这轮长牛行情期间发行了特别多的新股，而已故的J. P. 摩根就在这时发明了一个新名词——"市场无法消化的证券"。美国人喜欢听中肯的评论，摩根的话就很符合这个特点。工业公司尤其是美国钢铁公司的股票收益一直很高，铁路公司股票的总收益和净收益也都很出色。但是平均指数在1月份的剧烈下跌使我们的评论者们变得非常谨慎，特别是在股市大跌时不敢轻言反弹，只是认为确认了一次次级下跌运动。总体而言，确认这是一次主要运动还为时尚早。实际上，股市的严重下跌使每个人都在猜测，但是历史记录表明，这次主要的熊市行情在 3 月初就已经确认出现了。而且《华尔街日报》以及其他多家报纸当时都在报道股市出现的一些令人满意的特征，尽可能地给那些灰心的投资者予以鼓励。

▷ ‧ 熊市的成因

但是股票市场一直在关注着所有的事实，而且其中一些影响深远的问题都在股票价格运动中得到了反映。以下这些关于熊市成因的评论发表于 1907 年 3 月 15 日，现在读起来有些离奇：

1. 过度繁荣
2. 由于黄金产量过高对物价产生影响造成的生活成本高企
3. 由于利率上涨，股票价值相应地重新调整。
4. 土地投机挤占了本可供商业企业使用的流动资本
5. 罗斯福①及其政府管制公司的政策
6. 各州反对铁路公司的浪潮
7. 社会主义情绪和仇富倾向不断加强

---

① 西奥多·罗斯福（Theodore Roosevelt，1858—1919），第 26 任美国总统。他在总统任期内建立资源保护政策，建立公平交易法案，推动劳工与资本家和解。

8．哈里曼调查事件①（Harriman）揭露了巨额融资活
动的丑闻

9．大金融利益集团之间的争斗

10．证券超发

11．旧金山地震的影响

　　文章中还列举了一些只具有暂时性影响的原因，其中可能的卖方做空操纵被排在末位。我们一直在强调，任何一次熊市行情都会被事后揭露出来的事实证明其存在是合理的。所以我们有充分的理由认为，以上某些影响因素是永久性的。尽管我们承认至少在理论上股票市场的视角比任何人都更广、更远，但是从某种程度上说，它也无法预见到这些影响到底有多久远。正如事实所表明的那样，仅从对铁路公司的过度管制这一条因素就足以证明投资者保护自身利益的行为是正当的，尽管这可能会对股票市场产生某些影响。

▷‣ 一个反常的货币市场

　　现在回想起来，1907 年是笔者在华尔街度过的最值得关注的，或许也是最长见识的一年。这一年留给我们很多教训和警示，遗憾的是由于篇幅所限我们不能更详细地进行时论。

---

① 1901 年爱德华·哈里曼与詹姆斯·希尔争购北太平洋铁路公司的控制权失败，导致了华尔街空前严重的一次危机。1904 年西奥多·罗斯福当政期间，哈里曼与约翰·摩根合组的铁路信托公司被最高法院宣判解散。

亚历山大・德纳・诺伊斯①在《美国金融四十年》（*Forty Year of American Finance*）一书中对 1907 年的股票市场进行了最精彩的阐述。他当时是《纽约晚报》（*Evening Post*）的金融编辑。笔者记得 1907 年初的时候工业一片繁荣，铁路公司股票的总收益和净收益双双再创新高，股票市场也只是在经过 3 年的增长之后有些微小回调，而且至少按照账面价值计算，股票价格还没有超过股票价值。但是诺伊斯却和笔者一样，突然对反常的货币市场感到很担心。每年年初的货币应该非常充足，但是在这一年 2 月份却出现了严重短缺的情况。1907 年出现的大熊市所表明，股票市场远在我们之前就预见到了 2 月发生货币严重短缺情况的含义。

▷ · 不过如手掌般大小

　　写到这里笔者不禁想起了一位已故的股票经纪人。他习惯用华尔街的专业行话，但是他的阐述生动形象，才智和学识也高于常人。他受过专业的音乐教育，是一位外表低调内心虔诚的音乐爱好者。有一天他对我讲起了门德尔松②的歌剧《伊利亚》。他曾亲临现场欣赏过一次，当时主角的扮演者是史上最伟大的清唱剧艺术家——已故的查尔斯・桑特利③。这

① 亚历山大・德纳・诺伊斯（Alexander Dana Noyes，1862—1945），美国记者、作家，《纽约时报》金融编辑。
② 门德尔松（Mendelssohn，1809—1847），德国犹太裔作曲家。
③ 查尔斯・桑特利（Charles Santley，1834—1922），英国戏剧家。

部歌剧的情节深深地吸引了我这位的朋友。他说，太阳神的祭司"被伊利亚操控的熊市逼空"，"发疯似地回补空仓"。伊利亚"戏弄"他们走向极端的手段给他留下了深刻印象，要么他们的上帝当时正在小憩要么就"外出旅行去了"。有一句台词他铭记于心，恰好可以用来描述 1907 年初的情况："看哪！海面飘过来一朵小小的云彩，宛如一只手掌。"到了 1907 年的秋天，"倾盆大雨"从天而降。

　　这次崩盘不仅对商业造成了巨大的影响，还以令人窒息的速度迅速蔓延到其他领域。1907 年年末，笔者和萨缪尔·瑞亚①先生一道乘火车沿宾夕法尼亚铁路旅行，他当时任宾夕法尼亚铁路公司的第一副总裁，现在已经升为总裁。宾夕法尼亚铁路在当时和现在的货物运输量都占美国铁路总运输量的 1/10。瑞亚先生告诉我，就在他们的货运量达到顶峰之后仅一个月，虽然表面上看匹兹堡地区的农作物和工业运输似乎仍足够支持公司的发展，但他们的业务却几乎在一夜之间突然停止了。我们看到从匹兹堡到费城的铁路线旁和货车场到处都停着无货可运的车厢，而往年的这时候，铁路公司的业务非常繁忙，需要调动除了维修车厢的全部车厢。

① 萨缪尔·瑞亚（Samuel Rea，1885—1929），美国工程师，1913 年至 1925 年任宾夕法尼亚铁路公司第 9 任总裁。

▷ 致命的政治干预

自从 1893 年股市崩盘以来还未发生过类似的情况。当时，国会通过了《谢尔曼白银收购法案》[①]，这个法案标志着国会对经济发展的无知和愚蠢的地方保护主义思想，结果导致了一次有史以来最人心惶惶、影响最恶劣的恐慌。这对我们的立法者们或许是一次教训。在那次恐慌之后的萧条岁月里，几乎所有的铁路公司都宣布破产，铁路工人纷纷失业，政客们终于感到了切身的恐惧。在 1907 年之前的 10 年繁荣时期，政客们不再对商业进行干预。但是就在这一年他们又故技重演，不顾对商业的致命打击重新进行干预，于是在这年年底发生了资本撤资的局面。任何一个可能蒙受损失的人都心生恐惧，任何一个有点常识的人都能预见到官僚政治的干预和不明智的管制将会给美国商业造成什么样的后果。笔者并不想偏离本书的主题，但是在本人看来，无论是否出现战争，我国目前的状况都很接近当时的情况，而且过去两年的股票市场已经预见了这种愚蠢的政治干预会造成进一步的影响。平均指数和潜在的债券投资需求已经预见到商业形势将进入一段持续向好的发展过程，或许在此期间股票市场又会预见到一些恢复理性的趋势。然而，国会目前的表现并没有给人们多少信心。

---

① 谢尔曼白银收购法案（*Sherman Silver Purchase Act*）是一项美国联邦法律，颁布于 1890 年 7 月 14 日。法案要求政府按月采购的银量提高到 450 万盎司。

第十一章

节奏不规律的周期

我们前面已经比较详细地考查了股市晴雨表的历史记录，但是我们还应该更进一步地分析从 1910 年熊市探底到第一次世界大战爆发之间那段值得关注而又鲜为人知的历史。迄今为止，我们还很少讨论关于人类活动尤其是商业活动的颇具吸引力的"周期性理论"。笔者曾在本书的开头部分介绍过杰文斯记录下来的 18 世纪和 19 世纪发生经济恐慌的年份，以及查尔斯·H. 道对 19 世纪美国发生的历次恐慌的简要分析。然而，我们还必须创建某种描述不规则的股票市场周期的理论，这个周期不一定包含恐慌，即便涉及也只是偶然附带。因为我们已经不止一次证明，恐慌实际上只不过是股市晴雨表主要运动中的一种外在干扰而已。

▷ ‣ 我们自己的适度周期

我们可以看到，查尔斯·H.道关于股票市场价格运动的理论中，根据证券交易所股票价格平均指数的历史数据阐述了股价走势中存在的主要上升或者下跌运动、次级下跌或反弹运动以及日常波动。由此，我们明确得出了股市具有某种不规则的周期性的理论。但是具有更长节奏的规则周期理论并没有销声匿迹，我的许多读者和批评者们似乎对此理论情有独钟。但是他们当中没有人深入地剖析过自己相信这种理论的原因。他们通常认为这个理论"有一定的道理"；那么即使没经过验证，也应该是正确的；世界范围内发生恐慌的年份本身就显示出一种高度的周期性；根据过去的恐慌周期性，我们可以认定将来发生类似情况的周期性；根据历史记录分析，人类在处理自己的问题时将永远像以前那样愚蠢。

▷ ‣ 周 期 性 理 论 的 基 础

根据杰文斯的说法，18世纪恰好发生了10次值得关注的经济危机，而且其平均间隔为10年。因此，人们或许认为已经无须再对恐慌周期理论进行分析了。笔者并非有意强调，但是杰文斯遗漏了1715年苏格兰入侵英格兰造成的恐慌，因为那一年的太阳黑子数量不足以证明他的大胆假设，即太阳黑子数量与经济危机相关的理论。我们或许已经注意到，他将 1793 年、1804—1805 年也列为发生危机的年份。然而根据历史记录，美国在 19 世纪发生的第一次恐慌出现在 1814 年，并且这次恐慌由英国攻占华盛顿引发。任何周期性理论都无法预测到这个事件，除非我们假设周期理论能够预见战争。然而，如果算上 1814 年和被道氏称之为"近似于一次危机"的 1819 年，美国在 19 世纪一共发生了 10 次危机。

让我们看看周期论者（如果这样称呼没有错的话）是如何得出这个结论的。首先，英国 1804—1805 年发生的危机和美国 1814 发生的危机之间刚好相隔了 10 年，这或许是让周期论者起初感到振奋的原因。然后，美国在 1837 年和 1857 年各发生了一次极为严重的全国性危机，这又使周期论者信心大增。这时，他回想起杰文斯的危机 10 年间隔周期理论，发现截止 1837 年，美国刚好在 40 年期间发生了 4 次危机。实际上，美国接下来在 1847 年也并未发生像欧洲那样严重的恐慌，只是欧洲的惨状给美国人留下了深刻的印象。不过，当周期论者发现 1857 年发生了真正的恐慌以后，他会说："啊哈！我们终于发现这个秘密了。这是一个持续 20 年的周期，首尾各有一次严重的危机，中间发生的危机程度较轻。现在我们可以信心十足地利用这些事实证明这个美妙的理论了。"

▷▸ 不匹配的年份

根据上文的周期理论，1877 年本来应该发生一次全国范围的大恐慌。然而这个推断显然有问题，因为实际上恐慌发生在 1873 年。1872 年，基于美元计价的国际贸易过度泛滥造成了毁灭性影响，恐慌已经箭在弦上。但巧合的是，1872 年俄罗斯农业全面减产，而美国小麦大获丰收，出人意料在全球市场赚得盆满钵满。因而缓冲了一些时间，恐慌在 1873 年才发生。由此一来，两次大危机的间隔就被缩短了，20 年间隔的周期理论变成了 16 年间隔的周期理论。尽管在两次危机之间，1866 年伦敦由于奥弗伦格尼银行（Overend Gurney）破产案引发了恐慌不经意间填补了一次缺位的危机，也不能补救间隔的缩短。1866 年的伦敦恐慌伴随着纽约证券交易所股价剧烈下跌，同年 4 月又发生了密歇根南方铁路公司（Michigan Southern）股票逼空战，投机活动十分猖獗。实事求是、态度谨慎的查尔斯·H. 道指出，此时出现新一轮的下跌"是再正常不过的事了"。

然而，1873 年、1884 年和 1893 年发生的 3 次恐慌又使 10 年间隔周期理论和 20 年间隔周期理论的拥护者们找回了一些信心。其中，第一次和最后一次恐慌是世界性的，影响程度极其深远。我们的周期论者又表示："1857 年恐慌和 1873 年恐慌的间隔缩减到 16 年只是一种偶然的小失误，或者说，至少我们能够在进一步推导这些基本规律之后对这个失误做出令人满意的解释。"坚持 20 年间隔周期理论的周期论者则预言："从 1873 年到 1893 年刚好是 20 年时间间隔，这表明我们的晴雨表已经初步建立起来了。由此可以预测，1903 年前后将发生一次小规模的危机，而 1913 年，最迟不会超过 1914 年将发生一次大恐慌。"

▷· 迷失在不断的变化之中

　　如果周期理论不能作为进行预测的依据，那么它还有什么用呢？但是，1893 年恐慌到 1907 年恐慌之间存在 14 年的间隔时间，这是由于 20 年间隔的周期缩短了，还是因为 10 年间隔的周期延长了呢？是否存在一种稳定可靠的周期性呢？我们发现，在周期论者推测的 1903 年或 1913 年根本没有任何导致危机的可能性。实际上，在这两个年份，世界范围内的投机活动的总和都不足以引发一场危机。我们可以合理地认为，只有投机活动的大厦已经建得足够高，才能在倾倒时发出巨响，造成巨大的冲击。

　　那么，这些周期理论对于商业有什么预测价值呢？实际上，笔者看不到任何价值。周期理论必须做出大量的让步和假设，导致其最多只具有一种记录数据的价值。我们已经看到，以周期理论假设为基础得出的主要结论不得不一而再，再而三地改变。既然如此，这种理论还能有什么真正的价值吗？对此笔者绝不是一个怀疑论者，但是推导和佐证周期理论的整个过程在笔者看来就像一个人玩单人纸牌游戏时作弊一样荒唐可笑。笔者能够理解任何严格的、独断的甚至是不合理的游戏规则，但是无法理解随着游戏的展开不断变化的规则。

▷ 它们真的相等吗？

一个重大的命题认为"作用力与反作用力相等"，真的是这样吗？在有文字记载的人类历史上几乎找不到能够真正证明这个假设的证据。支持这一观点的人或许会反驳道："好吧，就算它们不相等，也必须是相等的。"而笔者仍不明白作用力与反作用力为什么必须相等。话说回来，作为一个相信人性完美的基督教徒，笔者也不明白为什么不应该彻底根除危机。我们很容易发现，危机之间的间隔至少在表面上是逐渐延长的。从 1893 年危机到 1907 年危机的间隔是 14 年，而 1920 年根本不是恐慌年。

我们很难把 1920 年发生的降价抛售视为一次典型的危机，除非我们真想歪曲恐慌的构成条件。1920 年不具备恐慌年份的特征，也无法与 1893 年恐慌、1873 年恐慌、1857 年恐慌和 1837 年恐慌的破坏性后果相提并论。笔者在这里大胆地表示，本人认为，如果在 5 年之内出现严重的经济萎缩和通货紧缩，那对于我们将是最好的结果，因为它们将会减弱未来可能出现的一切麻烦。

▷ 我们需要商业病理学

我们肯定需要一种科学的商业病理学，或者称之为商业病态心理学更为恰当。笔者在前面的章节说过，在研究商业中的重大问题及其所有的成因时，仅仅依靠历史记录绝对是远远不够的。不过，我们已经开始逐渐了解有关商业疾病症状的科学知识。在过去的 25 年中我们在这方面取得了巨大成就，或许已经超过了自迦太基人把提尔港的紫色织物卖给罗马以来取得的所有成就。我们可以满怀希望地相信，我们正在发展着一种诊断商业病症的科学方法。在 1893 年还没有这样的方法，那是因为当时并不存在今天我们拥有的历史资料记录。

但是我们为什么要假设每隔 10 年、20 年或任何一段时期，人类中最精明的一部分人就会丧失理智，忘记过去的一切经验和教训呢？关于恐慌有一件事是确定的：如果它能被预测出来，就根本不会发生。难道我们不是一直在积累知识、提高分析的精确度，从而采用最可靠的方法预测未来的风险吗？当然，除了不能预测一些不可抗力造成的风险，也就是"自然灾害和战争"。

▷ ▸ 联邦储备体系的保护作用

在联邦储备银行体系中，笔者能够看到太多的政治因素，也能找到许多缺陷。在这样的银行体系下，难以想象还会出现 1907 年和 1893 年那种迫使全国求助于票据交换所流通券的境况。要设计出一种完美无缺的银行体系需要超常的智慧，然而，在设计者看来完美的体系在别人眼里则是存在缺陷的。

实际上，从过去的国家银行体系①（National Banking System）到现在的联邦储备体系的转变已经代表了美国商业有史以来取得的最伟大的进步。难道联邦储备体系本身不就是一个值得周期论者考虑的全新因素吗？

我们一刻也不能掉以轻心，认为这样就可以排除未来发生危机的可能性了。恰恰相反，未来肯定会发生危机。然而我们就不能希望，随着相关知识的不断积累，我们至少可以部分预测危机及其破坏作用，从而可以从根本上减轻危害吗？

▷ ‣ 教育老师

如果以上分析能够让一个足够聪明的人（即使他与华尔街没有利益关系）明白，他在华尔街就像在其他任何地方一样，受到知识的保护作用，那么我们的教育目的就基本上实现了。当然，笔者也一直希望通过这个系列的研究，能在教育他人的同时自己也可以明白还有多少以前从未采取任何有效的方法归纳出来的关于股市运动的问题。我们要掌握这些问题的本质应该采用实用主义的方法，也就是日复一日地关注股市。从道氏理论的角度来考虑，股票市场的问题是极其简单的，只要老师不是个古怪的人、冒牌货、骗子或者赌徒，就应该能够采取十分有效的方法阐明这些问题。哈佛大学正在进行一项需要求广泛的工作，出版了一系列描述基本商业

---

① 以 J. P. 摩根公司为首的私营的国家银行系统，在 1862—1913 年行使央行职能。

状况的图表和指数图。编撰者们并没有把自己禁锢在那些危险的假设条件上。他们没有把自己束缚在一条假设存在的国民财富"中间线"上。根据假设，这条"中间线"无论在繁荣时期还是萧条时期始终保持等速上升的趋势，但一旦面临残酷无情的战争威胁就丧失了确定性，并且飞快地改变自己的行进路线，一发不可收拾。

▷ ▸ 这条物理学定律适用吗？

哈佛大学正在着手开发的这种体系并非基于"人类社会中的作用力和反作用力是相等的"这一命题。这个命题听起来很合理，但是如果要说服我们把一个物理学定律应用到如此不稳定、如此难以捉摸的人性上来，就必须提供更多的证据。在我们的股市平均指数已经证明的许多现象之中，有一种现象显而易见：就价格运动而言，作用力和反作用力并不相等。我们没有任何例子可以证明，牛市上涨的幅度恰好能被熊市相应的下跌幅度所抵消。如果说就像事实表明的那样，任何一次股市主要运动中的价格上涨和回调幅度或者价格下跌和反弹幅度确实不同，那么，价格上涨和回调或者价格下跌和反弹所用的时间就相差更大。我们已经看到，牛市持续的时间通常要远远长于熊市。二者之间并不存在一个平衡方程① （balancing equation） 的关系，而且笔者也不相信人类社会的其他方面存在这种平衡方程关系，历史上显然也没有这种记载。因此，笔者不得不求助于他人编纂的表格数据文献，但绝不自作主张修改别人的表格和数据。但是，笔者在研究与工作相关数据的过程中，从未发现过符合"作用力与反作用力相等"这一假设的现象。

▷‣ 无法估计股市运动的幅度和时间

无论是股市运动的幅度还是速度都不可能出现钟摆运动那样的规律性，股市晴雨表当然也没有显示过这样的情况。我们能够看到的只是熊市下跌了 40 点，持续了两倍于此的时间的牛市又上涨了 50 点，然后熊市下跌近 60 点，接着牛市又反弹 40 点，熊市再下跌 30 点左右，随后牛市又上升 20 多点，接着又是一轮牛市，工业指数上涨近 60 点而铁路指数同期上涨不足 30 点，而且每波主要运动的持续时间都各不相同。过去 25 年来的历史记录大体就是这样。这一时期的股市运动显然存在一种大致的周期性。但是如果我们牵强附会地把这些股市运动套入某种可以在数学上计算的定期重复的"周期"，那么下一次主要运动出现时，无论是上升还是下跌，都将令我们不知所措，结果只能剩下空洞的理论和空空如也的钱包。

---

① 平衡方程是在解决工程实际问题中，通过对力的分析建立起来的力的数学解析表达式，是工程实际中对受力情况的一种定量分析方法。

▷‣ 故 作 神 秘

　　虽然说教的方式受人欢迎，笔者也试图以通俗易懂的方式阐明本质上属于科学范畴的问题，但还是不想进行说教。作为指导者需要具备一定的权威性，这就导致他们往往会把自己的工作包装成一种神秘仪式。这是各行各业的教育都存在的一个问题，也是每一位指导者都要面临的道德风险。他们会不自觉地去消除一切有可能令他们地位尴尬的竞争因素，从而会夸大在掌握本行业知识的过程中将遇到的困难。人类社会的历史所表明，这将在很短的时间内造成一种故意夸大某种简单论点并使其复杂化的迷信。每一种宗教都要供养神职人员，他们认为教务职位的传承比救世更重要，或者至少受到更加谨慎的维护。英国的普通法和教会法都把手艺工作视为某种神秘的工作。管道工人来到你家上门服务的时候总希望你相信，他所做的精心准备以及他现场的忙碌状态证明了他完成的工作是高难度的，因此有充分的借口索要高昂的费用。然而，作为外行的你根本无法评价其工作难度。

▷‣ 泄 密 者 和 知 情 人

　　笔者认识一些从事股票信息交易的人，他们还非常讨人喜欢。他们提供的服务有针对的市场，而且都非常善于分析人性。他们从来不对股市持看跌态度，常常能在牛市成功地大赚一笔。笔者猜想，他们在牛市赚钱攒下的积蓄足够用于收入较差年份的花销。他们向那些不懂行的投机者透露的消息都是对方愿意听到的，而不是需要知道的。他们的猜测有时也是正确的，但是同时总会向人暗示分析股票市场的运动非常神秘。如果他们提供的大盘信息是正确的，那么对个股走势预测的准确率就更高了。有了这些人的预测信息，"知情人"们总是不停地买进。笔者由于工作的缘故认识许多"知情人"。实际上，作为小投机者，他们买错的时候远远多于买对的时候。

其实这些所谓的"知情人"都是在公司担任实际职务的人，工作繁忙，根本没有时间一直关注股票价格的走势。他们太过局限于自己的行业，甚至太受自己的行业影响，因而无法正确判断市场运动方向是否会发生变化。他们通常会看好自己持有的股票，因为他们相信自己所在的公司极有可能持续发展。但是当考虑到影响他们所持股票价格的商业波动，以及同一市场中同一板块其他股票或所有铁路和工业股票时，他们的视角又是非常狭猛的。因此，有人说太多的内部信息可以毁掉华尔街的任何人，这个观点不是玩世不恭，而是实事求是。

这个观点不仅实事求是，而且一针见血。大公司的执行官们理应对自己业务领域之外的商业状况有全面的了解，而且应该接受正确的指导。如果他们阅读本书后，只能明白应该更加客观地看问题这一个道理，这对他们也是有益的。然而，即使在名牌大学受过扎实的通识教育并打算日后成为律

师或医生的人，他们所从事的职业也会影响他们的主次感和
判断力。

▷ · 值得信赖的指南

　　这就是股市晴雨表的可贵之处。它并不迷信什么周期或
体系，也不看重那些有趣的甚至似乎很有道理的推断或流行
时尚。它会利用一切有用的因素，并且还会利用每一条能够
获得的信息。股市运动能够反映一切存在的真实信息，日常
交易则"把麦粒从麦糠中筛拣出来"。如果麦粒质量不高，市
场将以低价格反映其股价；如果筛拣后显示麦粒质量很高，
远在最勤奋、消息最灵通的整体商业状况研究者估量好小麦
的产量并把结果计入图表之前，小麦的市场价格早已上涨。
我们中很少有人能够成为开普勒或者牛顿那样的数学家和物
理学家，但是我们也可以总结出一些可行的规则，用以帮助
和保护那些每天都必须对未来进行预测的人。这正是股市晴
雨表的作用。它从不擅自提出错误的主张，虽然包含着高度
人为的因素和显而易见的局限性，但是它仍然可以如实地展
现出一种预测的特性。迄今为止，还没有任何一种商业记录
手段能够与之相提并论。

第十二章

预测牛市：1908—1909年

本章我们继续来研究股市晴雨表的预测价值这一重要问题。如果我们想要论证道氏价格运动理论的准确度，或许应该在此提到《华尔街日报》在1907—1908年不定期发表的股市平均指数的分析文章。由于这些文章颇具历史记录价值，同时出于个人的原因，笔者对它们的印象十分深刻。已故的塞雷诺·S. 普拉特①先生是一位经济知识渊博、道德高尚且业务能力卓越的报业人士，他在1907年末辞去了《华尔街日报》社论主笔的职务，转而担任纽约商会（New York Chamber of Commerce）秘书这一地位尊崇又轻松灵活的职务。

---

① 塞雷诺·S. 普拉特（Sereno S. Pratt，1858—1915），美国记者、编辑，著有《华尔街的工作》（the work of Wall Street）、《金融和商业》（Finance and commerce）。

▷ · 不带个人观点的社论

报纸的社论文章除了具有不署名的特点之外，其内容中作者的个人因素也远比公众或者政客想象的少。当然，社论的撰稿人必须对自己撰写的文章负责，不仅要向报社的老板负责，还要依法对此承担民事和刑事责任。必要的时候，撰稿人写的社论要提交给专门负责相关问题的专家们审查，而专家们修改过的内容又需要交给主编审改。任何一家运转良好的报纸在刊登一篇社论之前，都会派多名能力出众的业务骨干进行修改和讨论。笔者在 1908 年初接替普拉特先生的职位，虽然这个问题不涉及任何程度的机密，但是笔者也说不出社论中对平均指数的分析会在多大程度上体现作者的个人观点。不过，社论撰稿人的写作手法多少不自觉地对他的合作者产生影响。无论如何，至少普拉特先生和笔者本人在分析平均指数时采取了同样的方法，这种方法是从报纸的创建者查尔斯·H. 道那里传承来的。

▷ · 考察熊市何时触底

读者们也许还记得，前面的章节中我们讲到过，1907 年出现了一轮持续时间较短却跌幅很大的大熊行情，于当年的 11 月 21 日探底。在 1907 年 11 月的最后一周里，工业股出现强劲的反弹，就像是一轮熊市中出现的次级反弹趋势一样。

这波次级反弹行情引出了股市晴雨表面临的最难以解决的问题，那就是揭示股市运动方向如何变化。《华尔街日报》在当年12月5日发文指出：

"自20只铁路股票的平均指数在11月21日跌到最低点81.41点以来，大盘表现强劲。昨日（12月4日）铁路股平均指数报收于89.11点，涨幅为7.70点。在过去的10个交易日内，只有两个交易日下跌，这是一次显而易见的反弹运动，但似乎有些过于强劲。尽管目前股价较低，但从各个方面的因素考虑，未来在很大程度上可能出现交易量的合理收缩。"

《华尔街日报》12月23日登载的社论评论了一周以来的股市大盘走势，也顺便分析了平均指数的走势。但是，社论的作者似乎只是隐约感觉到而并未断定股市的走势方向将发生变化。这样的预测未免有些轻率，他写道：

"我们会发现，铁路股票平均指数将呈现出一种非常典型的走势。从7月20日到11月21日，铁路股平均指数下跌了26点，接下来的两周内又反弹上涨了9点，在随后的10天之内下跌4点，最后在上周又反弹2点。这实际上是一种摆幅逐渐缩小的钟摆运动，正在趋向平衡。"

▷ 自我调整的晴雨表

在进一步讨论之前，我们有必要先谈谈次级运动。上一节已经给出了一个简单而具体的例子，足以满足目前讨论的需要。我们可以观察到，熊市低点反弹之后出现的次级回调在重新回到反弹前的最低点之前受到了抑制。而且，历史数据表明，当时采用平均指数表示的 12 只工业股票走势是基本一致的，能够相互验证。如果我们想研究次级运动的含义和功能，那么上节引文中的最后一句话或许最能说明问题。我们可以认为，我们的晴雨表正是按照这种方式进行自我调整。在熊市运动方向即将发生变化的转折时期，各种信息纷纷而来，人们的观点异常混乱，市场只能逐步调整以达到有序状态。在这以后，投机者和投资者们总是要预测股市运动，而且通常会预测得太过长远。

▷ 预言太快成真

人们有时在华尔街赔钱是由于预言太快成真，这方面的例子数不胜数。笔者记得一个很能说明问题的例子，发生在 1900 年夏天麦金莱再次当选美国总统前夕。当时，牛市初露端倪，故事的主角是一名非常精明的场内交易员，他是一家活跃的套利公司的合伙人，但是这家套利公司早已不复存在了。在外行人看来，套利公司就是（或者说曾经是）一种通过电报与伦敦市场相联系而进行交易的公司。由于纽约和伦敦存在时差，纽约证券交易所的早市相当于伦敦证券交易所的午市，因此套利公司可以利用纽约证券交易所早市价格与伦敦证券交易所午市价格的日常浮动价差套利。但是那个夏天，套利公司和其他公司一样门庭冷落，生意不景气。套利公司有据可查的总交易量在繁荣时曾达到每天 300 万股，而当时却严重萎缩，减少到每天不足 10 万股。

　　然而，这位套利公司的合伙人路易斯·沃姆瑟却在这种行情下仍然能保持一名场内交易员所应有的最大限度的活跃性。他在整个夏天一直都在做多。其他交易员抱怨他四处抢生意，抢走了仅剩的一点还暂时活跃的股票的市场。公平而言，作为一名场内交易员和证券交易所会员，他的行为完全没有超越自己相应的权利范畴。市场直到总统大选的最后几个星期才开始恢复元气，或者说成交量才开始回升。而此时的沃姆瑟已经做出了正确的预判，随着市场的上涨开始获利。笔者猜测他甚至自负地认为自己的行为在引导股票市场的变化。股市在大选结束后的 3 天内强劲增长。或许是因为股市的增长过于强劲，他误以为麦金莱连任总统的选举结果已经在牛市中充分地释放了影响。于是他转而改做空头，没想到短短几天内就赔光了他此前 5 个月内赚到的所有收益。正如我们已经指出的那样，这轮牛市尽管其间受到过北太平洋铁路公司股票抛售事件和恐慌的严重影响，但还是持续到 1902 年 9 月才登顶。这个例子很好地向我们展示了这样一个问题：投机者只能看到众多影响因素中的某一个因素却仍不愿意相信晴雨表，而市场却能看到全部的影响因素。实际上，沃姆瑟在市场受到抑制的时候表现还是很出色的，就像一只趴在小水塘中的大青蛙，处处受限还在极力应付。正是他在牛市出现之前、市场低迷时的出色表现使他错误地认为单凭个人的力量就促成了市场的运动。

▷‣ 鼓舞人心的预测

现在，让我们重新回到 1908—1909 年的牛市上来。早在
1907 年 12 月 25 日，《华尔街日报》就已明确地预测到这轮牛
市，该报当天发文指出："我们极有可能已经看到了今年所能
达到的最低价格。"1908 年 1 月 10 日，当美国上下还在对
1907 年遭受的打击胆战心惊时，当票据交换所的流通券交易
仍然相当活跃时，《华尔街日报》明确表示，以晴雨表为依据
得出了股市将出现明显反弹的结论。在谈到这次初露端倪的
股市运动时，《华尔街日报》表示，"根据市场表现，这是多
次剧烈波动中的一次，这次波动始于一个极端的低点，在持
续一段或长或短的时期后会发生永久性的方向变化"。《华尔
街日报》的预测似乎令人很受鼓舞，同时理由明确。有了这
个预测，保守型的商人们逐渐学会了通过全面分析股市晴雨
表来进行预测。我们必须牢记，道氏理论体系并不是为了赢
得投机性游戏的胜利而设计的，也不是一种驾驭市场的制胜
法宝。实际上，我们在分析平均指数时必须专心致志，一旦
被欲望所左右，我们得出的结果将富有欺骗性。我们都听说
过"新手祭司乱动巫师的魔杖很可能招来魔鬼"的典故。

▷ ‣ 回顾崩盘

　　牛市在刚刚形成的时候不会得到人们的认可，这时进行预测绝不是件容易的事，要进行具有一定准确度的预测就更难了。我们曾在之前的一个章节中着重强调，1907 年的商业崩盘是非常突然的。《华尔街日报》在 1908 年 1 月 24 日刊登的社论中回顾了当时的情况和惊人的突变：

　　"例如，我们可以看到美国商业的钟摆从极度繁荣走向极度衰落的速度是很惊人的，几乎是一夜之间从一个极端走向了另一个极端。就在恐慌以令人恐惧的力量席卷华尔街以后，一家在当时领先的铁路公司的高管还对外宣称，他们公司经营的铁路线的货运量在恐慌爆发前一天再创新高。然而，3 个星期过后，还是这位高管再次对外宣布，他们公司铁路线的业务突然急剧下降。类似这样的例子多得不胜枚举。

　　"虽然华尔街的恐慌只持续了 3 个月，但这么短的时间已经足以让国家的经济状况发生彻底的变化了。就在 3 个月前，火车车厢的数量还不足以满足货运需要，而现在铁路沿线和终点站却停放着数以万计的空车厢。3 个月前，钢铁交易还处于最活跃的历史时期，短短 5 到 6 周之后，需求突然荡然无存，工厂纷纷关门歇业。如果我们画一张图表来描述过去 10 周内钢铁产量减少的情况，那么将得出一条几乎垂直下降的线条，可见钢铁生产的萎缩来得竟是如此突然、如此剧烈。"

▷‣ 确认牛市

1907 年冬天和 1908 年春天，虽然美国的商业还明显处于最萧条的阶段，但这段时期根据股市晴雨表得出的推测都预示着一轮牛市即将到来。这一推测可以与上节引用的文章相互补充和对照。当时，美国经济陷入萧条已经得到了广泛的承认，然而人们还不能接受的事实是：股票市场表现的基础并不取决于当前的情况，而是取决于它能预测到的一切客观情况。我们可以看到，《华尔街日报》在上述引文中描述了当时股市已知的事实，还用一张读者熟知的图表显示当时正处于萧条的最低点，股市走势曲线还没有穿越中线，直到接下来的 11 月份才恢复到正常状态，进入随后的扩张区域。然而，股票市场早在 12 个月以前就已经预期到了这张图表上的记录。当一切仍处于朦胧状态的时候，股票晴雨表已经准确可靠地预测到了复苏的迹象。

▷‣ 谴责"轻率的"复苏观点

回想起当年自己所承担的责任，笔者必须感谢道氏理论，正是这个可靠的理论帮助笔者顶住了令人难以置信的恶毒攻击。在那些蛊惑民心的政客看来，华尔街永远都不可能得到饶恕，因为当他们犯错误的时候，华尔街却总是正确的。当时，美国全国上下充满着躁动和焦虑，有人主张要求限制、控制、管制和全面压制商业活动。不满情绪笼罩着整个社会，那年冬天失业情况严重。报社收到的许多来信都以最极端的言辞谴责《华尔街日报》对股市的看涨态度，现在听起来也许有些可笑，但是在当时却一点都不好笑。我们当时的处境就像乡村集市上的"奴隶"靶子，把头从一个木板的洞里伸出来，不管是谁只要愿意付一点钱都可以对着他打一枪。当时对华尔街程度最轻的指责是"罗马起了大火，华尔街却不闻不问"，但普遍的指责都认为华尔街有一帮赌徒在违法操纵市场。

如果读者去查阅前文的讨论中引用的 25 年股市发展图表，将会发现当时记录下来的成交量是自 1904 年以来最低的，这说明市场已经非常狭小，即使操纵市场，也是白费心机。然而，只要股市处在熊市期间或者主要下跌趋势与其后主要上涨趋势之前的过渡时期，总会有人这样指责华尔街。如果笔者提供的证据还不够多，还不足以证明市场操纵行为实际上是微不足道的因素，那么成交量本身的数据也足以表达笔者的观点了。但是，这些顽固的反对者们却不这样认为。随后的几个月，他们写满谴责语言的信纸仍然塞满了笔者的废纸篓。至少在一定时期内，牛市的观点是非常不受欢迎的。

▷‧ 成交量的含义

此处值得注意的一点是，牛市的成交量始终大于熊市的成交量。成交量随着价格的上涨而扩大，随着价格的下跌而缩小。稍加思考就会发现，道理很简单：当市场长期处于萧条状态时，许多人实际上和在账面上都赔了钱，因此用于投机或投机性投资的资金也相应地减少；然而在市场繁荣的时候，许多人实际上和在账面上都赚到了钱。而且在牛市的最后阶段，成交量几乎毫无例外地要超过股民们实际的财力。这一点在大牛行情中是绝对成立的，然而在次级运动中就大打折扣。牛市中的一次剧烈次级下跌通常会刺激成交量攀升。这里举一个关于剧烈次级下跌的生动例子。1901年5月的月平均成交量迄今为止还是绝无仅有的，每个交易日的成交量高达180万股以上，甚至包括仅开市两个小时交易时间的星期六。而北太平洋铁路公司股票逼空战引发的恐慌刚好发生在5月9日。我们将在之后的章节详细讨论这次次级运动的情况，在此还没有展开讨论的必要。

▷‣ 公正的态度

笔者始终认为在此有必要列举以上事例来说明股市晴雨表的实际用途，这绝不是在夸夸其谈，而是为了用事后回溯的证据回击某些人"我早已告诉过你"这类的指责。实际上，做出预测并不值得自我夸耀，任何一个智力正常的平均指数研究者只要在研究时不带偏见，那么一旦掌握了股市晴雨表的基本原理，都能够独立地得出这些结论。当然，我们也可以肯定，任何一个与股市有利益关系的人对股市的判断力多少都会受到削弱。当你看涨买入或者看跌卖空时期待什么就会预测什么，这也是人之常情。尽管如此，价格运动分析人士在撰文指导别人时仍必须保持绝对的公正态度。如果他们做不到这一点，尤其是如果他们以前曾做出没有被前提条件明确证实的推断，就有可能掉入等待着他们的形形色色的陷阱。在浩浩股市中，被固执己见、刚愎自用的态度毁掉的投机者比那些被其他所有因素毁掉的投机者加到一起还要多。

▷· 一次失败的猜测

股票市场中最容易犯的一个错误就是当其中一个平均指数的特征还没有被另一个平均指数所验证之前，人们就过早认同了它的指示含义。1921 年 5 月 10 日，《纽约美国人报》[①]（American）在其金融专栏中大胆地发表了一篇预测文章，为了佐证预测的准确性，作者还附上了一个从《华尔街日报》复制来的道琼斯指数走势图。该报纸刊登这张图表和其中的数据并未征得我们的同意，一些认为不劳而获不会有好下场的利他主义者喜闻乐见地得知，在赫斯特出版集团旗下《纽约美国人报》上发表这篇文章的作者甚至连他盗用的资料都看不懂。他的文章认为工业股票将发生一次牛市运动，甚至还给出了牛市运动的上限，这是迄今为止股市晴雨表都没有达到过的预测精确度。他甚至还预测，铁路股票则"原地踏

---

① 其前身是纽约的《新闻晨报》，1895 年 11 月由赫斯特购进后改名为《纽约新闻报》。1901 年，改名为《纽约美国人报》继续出版。

步"。这是一次非常失败的猜测，因为工业股票指数实际上此后下跌了 13 点，并在 6 月份创下新低，而铁路股票指数的下跌幅度也相当大，根本不是在"原地踏步"。

▷‣ 平均指数必须相互验证

上一节的例子说明，观察者在没有得到铁路股票平均指数对工业股票平均指数的验证时，就被工业股票平均指数反映出来的牛市迹象所误导。工业股票平均指数的走势形成了一条我们已经了解过的曲线，并且在经历了一次熊市中的次级反弹之后显示出一定的强度，走势突破了这条曲线。如果铁路股票此时也表现出同样的迹象，那么就可能意味着股票正在积累。然而，铁路股票平均指数的走势根本没有显示出这种迹象，那我们也就只能寄希望于《纽约美国人报》刊登的那篇文章的读者们没有被误导。因为根据工业股票平均指数，直到 7 个月以后，也就是 12 月的第 2 个交易日，工业股票才超过文章发表当天的收盘价。

然而我们也可以善意地认为，这位股市晴雨表的解读者或许并没有看上去那么肤浅。可能他的头脑里装满了对 1919 年牛市的记忆，那次牛市就是完全由工业股票独自促成的。如果读者研究了后面章节中名为"规则的一个例外情况"的图表，就会明白类似情况是不可能重复发生的，除非铁路股票重新回到由政府持有并由政府担保的状态——这种状态当时使铁路股票完全不再属于投机种类，其价格随着债券和其他固定收益证券一道下跌。我们都知道，随着生活成本的迅速上升，这类证券价格势必会下跌，此种现象在当时层出不穷。

这个例子可以用来形象说明一个事实：虽然铁路股票平均指数与工业股票平均指数的运动强度有可能不同，但是它们的运动方向不会产生实质性差异，在主要运动中尤其如此。在有两种平均指数数据记录的这么多年以来，这个规则已经被证明是完全可靠的。这个规则不仅完全适用于市场的主要运动，还大体上适用于次级下跌和次级反弹。但是它不适用于日常波动，而且对于个股只会产生严重的误导作用。笔者个人的经历表明，单个平均指数的特征的确可以以假乱真。因为笔者根据单个平均指数的特征分析很久以前写的文章后发现，自己曾经不止一次地出现过错误。谈到晴雨表的价值，我们完全可以说：人们之所以犯错，不是因为对晴雨表不够信任，而是对它太过信任。

▷▸ 言归正传

有人建议笔者应该在本书中讨论一下与股市主要运动相关的因素——商业的萧条、复苏、假定的或实际的过度扩张。关于 1907 年恐慌的成因，笔者有自己的看法。笔者不赞同那些据称与我能力相当的作者们的观点，他们把恐慌产生的原因归结于 E. H. 哈里曼①（E. H. Harriman）和美国铁路公司从 1901 年到 1906 年的"过度扩张"，并认为英格兰银行②在 1906 年末将利率提高到惊人的 7％的水平是由罗斯福总统所说的"坐拥巨额财富的犯罪分子"进行铁路股票赌博行为一手造成的。笔者绝不相信哈里曼仅凭一己之力能造成 1907 年 4 月埃及亚历山大的恐慌、一个月后的日本恐慌、被伦敦的《经济学人》③ 杂志称为"这个城市自 1857 年来遭受的最大金融灾难"的 10 月汉堡恐慌以及同月的智利恐慌——所有这些恐慌都早于美国在 10 月末才出现的危机。詹姆斯·J. 希尔④ 在 1906 年曾指出，铁路公司的利润应该以每年 10 亿美元的幅度增长，然而恐慌发生后所有铁路公司的发展几乎都进入了停滞状态。笔者以为，铁路业的瘫痪状态对于美国来说是一个非常严重的问题，似乎比 E. H. 哈里曼的铁路交叉持股计划更值得我们关注。因为州际贸易委员会通过控制货运费率对公众进行保护，所以铁路交叉持股计划并不能对公众构成威胁。

　　不过，这些讨论都是题外话。笔者正在讨论的对象是晴

---

① E. H. 哈里曼（Edward Henry Harriman，1848—1909），美国金融家和铁路大王，纽约证券交易所的经纪人。
② 英格兰银行（Bank of England）是英国的中央银行，该银行于 1694 年以私营方式成立，后被收归国有。
③ 《经济学人》（The Economist），英国的英文新闻周报，分八个版本面向全球发行，其编辑部位于伦敦。1843 年 9 月由詹姆斯·威尔逊创办。
④ 詹姆斯·J. 希尔（James J. Hill，1838—1916），加拿大裔美国铁路建筑家、金融家。

雨表，而不是天气。14 年后的今天，对于那些能够了解那段事实真相、甚至至少在某种程度上亲历了这段历史的人来说，重温这段时期会有一种奇妙的感觉。不过，纵然回顾历史很有必要，我们的讨论仍然需要围绕本书的话题来展开。

第十三章

次级运动的本质和功能

　　我们在最近几章中讨论的主题是用历史记录表明股市晴雨表的效用，在继续讨论之前，现在是一个对股市次级运动进行探讨的好机会。前面几章已经告诉我们如何在其产生的初期就成功地识别股市的主要运动。然而，道氏理论提出的股市次级运动则是一个不同的问题。道氏理论认为，股市包含着3种明显不同但又在某种意义上同时发生的运动——主要的上涨或下跌运动、主要表现为牛市中的下跌和相对应的熊市中的反弹的次级运动以及日常波动。我们已经通过分析证明了道氏理论这一观点的正确性。或许本章讨论的内容更应该针对股市投机者或者投资初学者，而不是针对那些把股市晴雨表作为经商指南和商业警报器而使用的人。

▷‣ 如何判断股市的转折点

我们可以毫不迟疑地承认，如果说判断主要的牛市或熊市的转折点很有难度，那么判断次级运动的出现时间则更加困难。不过，指出次级运动何时结束和主要运动何时重新开始也并非完全不可能。我们不能教条地看待次级运动的发展程度和持续时间。通过前面的分析我们可以看到，1906 年旧金山地震加剧了一轮牛市中的次级下跌趋势，这波下跌具有欺骗性，很像是一轮主要熊市的形成。看起来正如 1901 年北太平洋铁路公司股票逼空战导致的恐慌那样来势汹汹、令人信服，以至于经验丰富的交易员也会轻率地误以为牛市已经结束了。

据道氏估计，一波反向次级运动持续的时间为 40—60 天。然而之后的经验表明，能够达到 60 天上限的情况极其罕见，有时候一波反向次级运动持续的时间甚至明显短于 40 天。如果我们要全面考察次级运动，那么日常波动也必须考虑在内，因为日常波动有可能规模非常大，几乎能够构成一波次级运动。1917 年 12 月，当公众得知政府将接管铁路公司的消息时，铁路股票平均指数曾在一天之内就上涨了 6 点以上。就连一些真正的次级运动也未必能达到这个上涨幅度。有一条屡试不爽的规律可以为我们研究次级运动提供指南，即股市的主要运动恢复速度明显放缓时，市场走势就有可能突然改变方向。而牛市的集中线或者熊市的分散线能够预示主要运动的恢复。

▷· 流星多于恒星

那么，谁又能预测到股市主要运动的突然转变呢？这取决于一系列完全不同于价格根据价值调整的因素，而价格根据价值调整则是股市主要运动的功能和目的。这种调整反映的是技术层面的市场情况，而不是对一般信息的概括。就像股市专业人士所说的那样，这意味着太多的公司在做多；或者如果情况相反，那么人们不顾股票流通量的减少而一味地卖空。笔者曾不止在一个场合拒绝建议任何人从事投机交易。采取这种善意的态度很容易也很方便，但是如果一位自由的美国公民认为自己具备成功的基本素质，尤其是他属于那种从不言败的人，笔者认为赞成他从事投机交易或许更有意义。如果不是在华尔街，这将是一次最严酷的考验。在金融的天空中有太多的流星转瞬即逝，而屹立不倒的恒星却寥寥无几。

在股市的次级运动中，专业人士比业余人士更具有真正且持久的优势，因为专业人士凭借专业经验更能及时地甄别危机。虽然所谓的"盘口解读"技巧就像人的第六感般灵验，但是如果场内交易员真正具备过硬的业务能力，他们就能够感知到即将到来的变化，甚至比最出色的"盘口解读"师还要灵敏。有些游戏业余玩家可以比专业玩家玩得更好，还有很多游戏业余玩家至少可以与专业玩家不相上下。然而，从长期来看，几乎所有的游戏中，都是专业玩家获胜的次数多于业余玩家。当游戏设有彩头时，专业玩家赢得更多，当游戏注定失败时，他们却输得更少。

▷ ▸ 行家的优势

一些竞叫桥牌[①]（Auction Bridge）权威玩家们统计，在桥牌游戏中拿到一副好牌就意味着拥有80％的获胜优势。如果一个牌手拿到好牌、运气较好并且拥有一个好搭档，那么即使他心不在焉或者状态不佳也能取胜，甚至还能接连几次赢牌。然而，剩下的20％才是区分平庸牌手还是专业玩家的关键。如果玩牌的时间足够长就能剔除掉运气的影响，那么优秀的牌手肯定获胜，而且是在不具有任何不公平优势的条件下获胜。当然，如果一个牌手依靠与搭档作弊取胜，那他只能算是个精明的骗子，而绝不是一名真正的一流牌手。人们总会高估骗子的优势，然而他的心智多少有些缺陷，否则也不会沦为骗子。笔者在华尔街只见过极少数的几个骗子，其中既有专家级的也有业余级的。骗子们很快都现出了原形，而且随着仅有的一点优势不断消失，他们又成了最不具优势的人。"无人立刻登上邪恶顶峰"[②]（Nemo repente fit turpissimus），实际上，骗子是微不足道的。

---

① 也可叫拍卖式桥牌，即第三代桥牌。1903年或1904年第一次出现，其前身是惠斯特和惠斯特桥牌。竞叫桥牌的一个重大创新是增加了竞争叫牌。竞叫桥牌的群众性急剧增长，而与此同时惠斯特和惠斯特桥牌的活动随之相应地下降。自1926年定约桥牌出现后，竞叫桥牌迅速失掉群众的喜爱。

② 出自《古旧福音》。

▷ · 成长中的专业人士

许多投机者通过个人的打拼获得了成功，其中有些人并非股票交易所的会员，也不是任何股票经纪人公司的合伙人，就像哈尔·温德那样，因此不得不放弃经纪人佣金和市场价差。尽管他们投机的目的各不相同，但都或早或晚地成长为专业人士。他们对自己的投机事业倾注了全部心血，就像任何行业的成功人士对待自己的事业一样。对股票市场"偶尔心血来潮"的圈外人士无论心思多么精明，消息多么灵通，只要在次级运动中遇到专业的对手，都将必输无疑。他们不能迅速识别股市运动的改变并调整自己的观点，又经常发自内心地讨厌承认自己以前虽然持有正确的观点还是赔了钱。专业人士总能在最短的时间内采取行动，尽管次级反弹和下跌运动的发生几乎不会给人留出准备的时间。

▷ · 华尔街通常看多

然而当牛市出现次级下跌，市场不景气时，聪明的业余人士会与专业人士做出一致的反应。华尔街在过去曾经制定出许多行为准则，其中之一就是"绝不能在市场不景气时卖出股票"。这在大熊市期间是一个糟糕的建议，因为此时的市场会在剧烈的次级反弹之后继续下跌，而经验丰富的交易员将会因此再次卖空股票。然而华尔街在本质上倾向于牛市，原因之一就是华尔街无法在熊市中获得收益。有人错误地认为熊市是华尔街的收获季节，华尔街会居心叵测地利用熊市趁火打劫，为己牟利。实际上，华尔街赢利靠的是佣金，而不是靠卖空自己发行的证券。把交易量做大才能赚取更多的佣金，这是牛市的特征，熊市绝不可能具备这样的特征。的确，正常情况下，华尔街倾向于牛市。从个人经验来看，笔者也确实从未见过哪个出色的交易员树立了熊市卖空操盘手的声誉以后就不会转而做多或者彻底退出股市。

我们在研究主要运动时已经知道牛市的持续时间比熊市长。而且我们也已经发现，在一段足够长的时期内，牛市和熊市运动的持续时间会趋于均衡，同时市场的总趋势会随着美国财富的增长而上涨，至少迄今为止一直是这样的。笔者个人并不认为战争会改变这个基本事实，至少在方兴未艾的美国是不会的，尽管曾经铁路股票的一波特殊行情（将在后面的章节讨论这个问题）一度改变过笔者的看法。

▷ ▶ 詹姆斯·R.基恩

关于空头交易商，笔者可以完全肯定地说，詹姆斯·R.基恩在空头交易中赔赚相当。他之所以能留下巨额遗产，生前还花钱办赛马训练场，都是因为投资了未来升值的证券。笔者从未与基恩有过深厚的交情。事隔这么久之后，笔者可以公平地说，有责任感的记者不会与大专业投机商建立亲密的关系。因为华尔街是一个流传谣言和丑闻的地方，无论个人之间的交往多么单纯，这种亲密的关系都有可能被误解，并给记者招来"投机者的利益喉舌"的恶名。当然，这种诽谤是任何清白的报纸都不能也不应该容忍的。

基恩在其女婿泰尔伯特·J.泰勒位于布罗德街的办公室里有一间常人难以进入的套房，但是这并不意味着有幸进入其中的记者都不是正人君子。基恩这个人很值得我们欣赏，他绝不是某些人通过危言耸听的报纸或电影银幕想象的那种残酷无情的坏人。他有极具魅力的品德，绝不食言，但是对那些与他交往的不守信用的人则从不心慈手软。我们都很欣赏他对儿子福克塞尔倾注的慈爱以及他作为赛手对于一匹好马的钟爱。基恩在华尔街树敌不少，而且经常受到攻击，但是这一切对他的打击都比不上他最钟爱的塞松比的死亡，这是一匹由他亲手养大的最优良的赛马，在比赛中总是遥遥领先，死时只有 3 岁。埃德温·莱夫勒①能够称得上是一位很了解基恩的记者，当时任职于纽约的《环球》杂志。与其说莱夫勒是基恩的朋友，还不如说他是基恩的研究者。他研究基恩的方式非常有趣，目的是为了在自己的讽刺又深刻的作品《华尔街故事集》②。书中《华尔街巨石》和《金色洪流》等故事中刻画一个基恩式的人物形象。虽然这些故事现在已经有些过时了，但是对那些了解 20 年前不同于今日的华尔街的人来

---

① 埃德温·莱夫勒（Edwin Lefevre，1871—1943），美国著名记者、作家、政治家和股票经纪人。
② 埃德温·莱夫勒根据他所见所闻的真实人物与事件，以文学的形式写出《华尔街故事集》。

说，读起来仍然很有趣。

▷ ‣ 爱 迪 生 · 卡 麦 克

　　还有一个原因可以解释为什么在人们印象中，空头交易员干了很多卖空和"打压市场"的行为，而实际上他们并没有做那么多，甚至都没有想那么多。这些人在哄抬股价的时候可以躲在幕后，然而卖空股票的时候往往声势浩大，主要人物都非常引人注目。在爱迪生·卡麦克①成名的年代，笔者还没有入行，但是熟悉他的人都说他卖空股票的时候动作很快，有时能够成功，有时也会失败。如果他不具备出色的价值判断能力，更热衷于促进美国经济的增长繁荣而不是阻碍美国的兴旺发达，他早就破产或落入另一种境地了。卡麦克在北太平洋铁路公司重组时以每股 7 美元的价格购入股票，因而大赚了一笔。或许他比那些随时准备指责华尔街缺乏爱国主义精神的批评者们更加相信美国的伟大。基恩虽然没有卡麦克成熟，哄抬南方太平洋铁路公司（Southern Pacific）股价的行动不幸流产，但是他这样做是正确的。

---

① 　爱迪生·卡麦克（Addison Commack，1826—1901），华尔街股票经纪人。

▷‣ 大宗商品卖空

卖空者几乎交不到朋友。道理很简单，因为只有在别人赔钱的时候他们才能赚到钱。即使卖空者放弃股票交易，转行去做卖空大宗商品交易（例如小麦或者棉花），这种不利的观点还会不合逻辑地用在他们身上。然而股票的空头与小麦的多头并非直接的矛盾关系。如果购买力很低的工人能够以更低的价格买到更多的面粉或面包，那么认为美国的经济将会更加繁荣的观点是合理的。小麦或棉花的价格运动与股票的价格运动根本不可能同步发展，当证券价格上涨时这些大宗商品的价格通常会下跌。虽然这并不是一个被人们普遍接受的观点，但是笔者个人认为，卖空小麦的人即使出于自私的目的，实际上也会有助于打破对小麦的垄断，从而具有某种公益性质。

当然，这样的观点不会受到农场主的欢迎，更不会受到农场主的政治盟友的欢迎。在他们看来，小麦的价格达到每蒲式耳5美元才意味着繁荣，才能赚够满足他们的贪心的财富，然而这种情况很可能意味着饥荒和普遍贫困。1919年，农场主和他们的盟友们创建了自己的小麦联营体（其道德本质与任何其他企图垄断生活必需品的囤积行为并无区别），将小麦价格哄抬到每蒲式耳3美元以上。然而，在非党派联盟软弱无能的领导下，在美国参议院内农业小团体的某些成员冠冕堂皇的鼓吹下，农场主的这次行动最终失败了。从那以后，农场主和他们的政治盟友们变得敏感起来。他们的确失败了，而且我们可以毫不客气地说他们注定会失败。1920 年的股票市场已经对他们发出过警告，这种联营行动不可能成功。之后过了很长时间，他们才终于明白自己的小麦卖到每蒲式耳 2 美元已经很不错了。

▷‣ 晴雨表如何自我调整

我们并没有偏离本书的话题。如果只考虑金融活动，棉花或谷物市场的疲软很可能与股票市场的次级下跌有很大关系。实际上，次级运动更多地受到暂时条件而不是主要运动支配因素的影响。我们可以提出这样一个贴切的问题："平均指数能够预测次级运动吗？如何进行预测呢？"当然能够预测，如果在大牛市发展过程中两种平均指数的走势都形成了一条曲线，那么一旦股票价格低于这条曲线，则表明市场达到了饱和点，而在熊市中则是相反的情况。但是经验告诉我们，这条曲线通常不会出现在次级下跌或者反弹之前，而是在它们之后。这条曲线对于那些已经卖出股票又想重新进入股市的投机者来说是最有用的，因为如果囤积线之后出现了牛市的特征，那就表明平均指数将会达到新高点，而且比次级下跌开始前的水平更高。根据我们掌握的历史数据，这种新高点是表明牛市已经重新开始的决定性证据。

但是以上讨论所针对的读者并不是投机者，而是那些想把股市晴雨表作为美国基本商业情况指南来研究的人。这些研究者很可能要问，次级运动的真正意义和作用是什么呢？如果允许我们换个比喻，可以认为次级运动与调整指南针的仪器没有什么区别。我们许多人都曾见过轮船下水时，有一种测量仪器在海港做环形运动，却不知它的作用是什么。我非常清楚这个比喻不够贴切，但是它可以形象地表明，次级运动的重要之处就在于调整我们的晴雨表。至少在这个意义上，我们的股市晴雨表是可以自我调整的。请记住我们的研究对象并不是像晴雨表中的水银柱那样确定的东西，毕竟我们已经完全掌握了水银柱的各种属性。股市晴雨表把任何可以想象出来的因素都考虑在内，包括最不易把握、最变化无常、最不可计算的因素——人性本身。因此，对于股市晴雨表，我们不能期望它具有物理学的那种机械精确度。

▷‣ 并非好得无法实现

我们很可能会怀疑我们的晴雨表是否太准确了。我们的这种态度正如城市法官对待警察提供的证据一样，当所有的证人都以同样的措辞讲述了完全相同的证词的时候，这个证据就好得不像是真的。笔者经常被问到，是否对股市走势转折日期的最高或最低点很有把握。例如，我们正在经历的熊市的最低点实际上是出现在 1921 年 6 月还是出现在工业股票平均指数独自达到新低点的第二年 8 月？我们在前文中一直强调，两种平均指数必须相互验证。但是，如果读者希望持不同观点，并也符合自己的思维习惯，那么完全有这种自由。

笔者认为这并不会造成什么实质性的影响。笔者已经看过很多股市数据图表，牛市或熊市运动可以通过单只长期表现活跃的股票走势非常准确地预测出来，比如美国钢铁公司的普通股。但是笔者并没有由此受到启发，也并不相信某只股票能像我们的晴雨表那样经受得起长期的考验。

还有一些批评者极不友善，也并没有提供帮助的诚意，他们无所顾忌地对我们的理论吹毛求疵，因为他们本来就不愿意相信，他们只是喜欢挑起争端。当然他们也可以找到许多自认为我们的晴雨表没能预测到的运动，尤其是次级运动。但是这又能说明什么呢？他们所要求的那种精确度的工具都是人力所无法实现的，而且笔者也不认为在人类道德发展到今天这个水平后，我们可以如此确定地信任某一个人。如果让某些心地善良的纯粹的利他主义者来管理我们这个星球，就会脱离造物者的控制，整个世界将被粉碎殆尽。

第十四章
然而历史也有不实之处：1909年

　　既然我们已经将理解股市的晴雨表作为目标，我们就不会因为仍然存在的现实障碍或假想困难而气馁，而且我们总是可以通过回顾已经克服的困难来振奋自己。最重要的不是得出结论，而是亲身经历研究和理解的过程。当然，这并不意味着仅仅读完这本书却没有学到任何知识也能算作有收获。回顾上文，我们不仅建立了道氏股价运动理论，还据此构建推导出了一个可行的晴雨表，也是一个具有宝贵的远期预测功能的晴雨表。我们应该将道氏理论理解到位：股票市场有3种运动，即持续1到3年的主要的大幅涨跌运动、持续数天或数周（视情况而定）的次级回调或反弹运动以及日常波动。这些运动是同步的，就像潮起潮落，生生不息。尽管有时次级运动与主要运动走势相左，但是自然法则仍然有效。由于万有引力，笔会从手指间落到地面或桌子上。即使有的时候自然法则不是很明显，但是始终奏效。同样我们可以断定，次级运动可以被视为与主要运动同时进行，主要运动仍然起主导作用。

▷ 不等式

　　笔者认为有必要澄清，我不是质疑之前文章中提到的商业图表和数据的有效性，而是认为这些图表和记录在实用意义上都算不上是晴雨表。它们对未来的预测很模糊，即使这些预测是基于一个伟大的物理定律——作用力和反作用力大小相等——之上的。这些图表和数据的不足之处的是没有把这个相等关系的所有因素全部显现出来，它们当然也并未显示出德国将在1918年打赢战争的可能性。但是，1917年处于熊市的股票市场不但反映出了这些图表和数据的所有信息，而且预测到了这个压倒性的战争结局。诚然，我们只有了解过去，才能对将来可能发生的事情形成一点概念，所谓前车之鉴，后事之师。但是仅仅凭借图表做出的预测可能是错误的或过早的，只局限于一种指导方针足以毁掉任何商人的前途。比如不久前一个商业图表权威基于过去10年的收益和派息状况主张购买某股票，然而局势发生了根本性的变化，由于没能正确判断政策的改变，使得购买该股票的股民遭受了严重的损失。假如他在1920年基于当时的股息记录购买了该普通股，那么现在持有美国糖业股票的股民又赚了多少钱了呢？

▷ 前提不充分

　　这种图表推理预测的方法太狭隘了，缺乏前瞻性，不能作为基准。这就像是在说一个病人无论出现什么症状都会康复，理由是他过去 10 年都保持健康。这类推理的前提条件不充分。毫无疑问，管理层或者其他方面一旦发生变动，很可能会破坏先前良好的派息记录，所以需要在数据记录机构的表格总数中取平均指数。但即使很妥当地取了均值，它们也只是一个记录，而不是晴雨表。气象局的数据很有价值，但也并不奢求能预测到即将迎来的是干燥的夏季或是温和的冬季。根据我们的个人经验，纽约的天气可能会在 1 月份很冷，7 月份很热，不用气象局我们都能推断出这些，气象局也只能给我们一个短期的预测。它无法告诉我们后天的野餐是否会赶上晴朗的天气，更无法告诉农民，即将到来的夏天的温度和湿度应该更适合种植土豆而不是玉米。气象局只能给出数据和概率，但是农民必须用自己的经验进行判断种植哪种作物，而我们能不能野餐只能碰运气了。

▷ 大亨也知之甚少

　　我们已经确定股市晴雨表确实能够预测，它向我们展示了未来几个月的总体商业状况会发生什么变化，甚至警告我们某些国际事件可能会破坏根据记录推断的业务过程的所有普通计算。需要强调的是，股票市场晴雨表是基于所有可用的信息进行预测的。笔者最近询问过华尔街最伟大的金融家之一，问他认为自己掌握着多少可利用的股市信息。这位多次被业内期刊所认可，而且对金融态势及对即将发生的重大事件的影响有着最为深刻的了解的大亨说道，"我从来没有算过。但如果我拥有股票走势所反映的所有信息的 50%，我相信我会比华尔街其他任何人都要有备无患"。这句话出自一位负责处理大型铁路和工业公司融资的银行家之口，其国际关系属于最高级别。他根本无须撒谎，能毫不掩饰地承认这一点，可见政治家如此喜欢游说的无所不知的"金融章鱼"的假设是多么荒谬。

▷ ▸ 不 必 要 的 准 确 性

我们在解读基于道氏理论的晴雨表上取得了很大进展。我们已经发现平均指数形成的一条"线"——有充分交易量的足够多连续交易日当天的收盘价格在一个狭窄区间的波动形成的曲线——必然表明了筹码集中或者分散度。而且平均价格涨破或者跌破这条曲线必然预示着股市大盘的主要运动抑或次级运动的走势发生了方向性变化。

我们还发现，两种平均指数可以互相验证。尽管它们可能不会在同一天或者同一周突破各自的曲线，但是只要它们走势相同就足够了。经验表明，在股市的主要运动中，两种平均指数完全没有必要在同一天达到其高点或者低点。我们只是认为，由于两种平均指数已经相互验证，那么股市的运动趋势已经出现转折。即使其中一个平均指数随后出现新的低点或高点，另一个平均指数也不会发生相应变化。两个平均指数曾经创下的低点或高点可以被视为能够代表市场转折的最好标志。

这似乎是一个难题，仍然困扰着许多人，他们期望从平均指数中获得绝对的数学准确性，笔者就不会主张如此，因为我们并不需要绝对的准确性。笔者曾预测，上一轮熊市行情的低点出现在 1921 年 6 月。有一位批评者认为笔者的这个观点是错误的，理由是工业平均指数在接下来的 8 月创造了新低。但是工业平均指数的 8 月新低并没有得到铁路平均指数的验证。因此，从我们的观点来看，8 月份的最低点可以忽略不计。当然，如果这位批评者一定要把上升运动的起始点定于 8 月，而不是 6 月，那么他其实也错得没有太离谱。

▷ ▸ 1909 年的双顶

现在我们讨论一下 1909 年股市转熊的情况，这对本章讨论的主题十分有意义。但是，那些过于谨慎的批评家们或者会感到困惑，因为铁路平均指数在 1909 年 8 月的前一轮牛市运动中创下了 134.46 的高点；而工业平均指数在接下来的 9 月末创下 100.12 的高点，10 月初的 100.50 点，以及 11 月初的年度最高值 100.53 点。工业平均指数 11 月初创下的最后一个高点与前文中铁路平均指数 8 月创下的高点即为所谓的双顶。双顶理论不是绝对可靠的，但通常具有一定意义；并且经验表明，当市场平均指数形成双顶或双底时，我们有充分的理由认为上涨或下跌已经结束。如果笔者说牛市在 1909 年 8 月筑顶，熊市则从那天起开始，那么有人会告诉笔者熊市走势直到 11 月初才开始。这有什么关系？如果我们将当时的形势与之前研究筹码集中线和分散线研究时所学的知识结合起来，将看到在 1909 年 11 月第一个交易周结束之前已经出现了筹码分散，这是一个不可避免的趋势。之后，市场出现大幅下行转折，可能是次级运动趋势，但在本例中最后证明是主要运动趋势。

▷ ˙ 牛市敲响警钟

笔者认为，股市晴雨表在考虑到人性本身的所有可能性之后，这个衡量标准已然足够。股票的牛市从来没有像 1909 年那样赚得盆满钵满，那轮牛市在顶部和低于顶部几点的价位上提供了如此多的机会。在之前的讨论中，笔者曾说过，起源于 1907 年 12 月的牛市实际上几乎不受欢迎。此前的熊市已经预测到了那个由罗斯福总统引发的"企业停滞"时期。罗斯福本人绝不可能预见到他对"罪恶富豪"的批判居然被曲解得如此荒谬，也无法想象那些比他更加愚昧和虚伪的人借势造成了更具毁灭性的影响。

▷ · 批评一个批评家

1908 年 9 月的牛市并没有让一些值得尊敬的专业批评家满意。亚历山大·诺伊斯所著的《美国金融的四十年》是笔者十分赞赏并推荐的书。根据结尾来判断，书的内容似乎只进行到 1909 年初，他还谴责了当时正在进行的牛市，然而他确实没有预见到牛市将持续到 8 月份。当时，铁路股直到 8 月份一直走势强劲，而工业股的强劲势头持续到了 11 月份。而且，铁路平均指数直到当年 12 月 31 日也没有跌破 130 点，相比之下，8 月中旬也不过在 134 点。工业平均指数也比最高点只相差 1 点。诺伊斯先生在谈到那轮牛市时的言论，可以说是一个非常不成功的预言：

> 伴随着 1909 年的开始，这场异常的市场现象也进入了尾声。所有真相突然暴露无遗，钢铁和其他大宗商品价格下跌，证券交易所的乱象也归于平静。随着 1908 年的结束，这段历史也落下帷幕，因为它标志着一个篇章的结束。

但是，从平均指数的记录来看，我们已经发现这一篇章并没有像诺伊斯先生所设想的那样就此简单结束。为方便起见，我们或许应该说，牛市在我们看来已经在 1909 年 8 月或 11 月份耗尽了势头。但预计下一个萧条期的熊市直到 1910 年 1 月才开始"影响着所有的股票"。这又是一个优秀的专业观察者因将数据记录误作晴雨表而深受影响的例子。

▷ ‣ 过于简略的记录

作为一名自认为还挺有建树的历史学者，笔者认为令人产生遗憾的源头是可供研究的史实太少。我们的平均指数表仅在相当于四分之一世纪的时间内才真实有效。当我们说 20 只活跃的铁路股票必须与 20 只工业股互相验证，这就部分意味着不到 40 只股票没有反映出足够完善的市场全景。在随后的一些讨论中，笔者会提供从 1860 年到 1880 年间非完整的记录，其中包括 15 只来自不同板块的股票的月平均最高值和最低值。笔者现在也可以说，这些记录没有任何确凿的示范价值；或者，如果它们与当时的事件保持同步，而不是在几年之后编制，它们将给予企业完全值得信赖的指示，和如今我们在更完善的双重平均指数晴雨表中解读的一样。

▷ ‣ 历史记录如何出错？

但笔者对历史的批评更甚于对数据记录的批评。所有可溯的历史——从埃及到小亚细亚——都记录着错误的事情。历史告诉了我们关于法老王朝的一切，却没有只言片语提及那些使国家变得富有的中产阶级管理者——没有他们法老统治什么呢。我们知道有统治者和战争，奴隶和工人享有不同程度的自由。我们现在还知道，到目前为止，劳动创造一切——卡尔·马克思劳动理论的大前提——而相比于智慧的产物，劳动只能创造人类财富的一小部分。我们了解到许多过去的"人民"的含义，正如布尔什维克为这个词赋予的意义。许多年前，牛津大学的索罗尔德·罗杰斯①教授编制了一份从都铎王朝时代起的英格兰工资表。但是，历史似乎留给顶层的太多，而留给底层的太少。它从来没告诉我们，或者几近于没有告诉我们，中产阶级必须是任何一个商业国家的智慧力量。

▷‣ 商业记录都在哪里？

我们对迦太基人真正了解多少？我们只知道他们是远古时期最强大的贸易民族。为了获得一个传统迦太基商人对外贸易的一年账目，我们愿意牺牲关于汉尼拔征战的详细记录，抛弃我们对第二次布匿战争的历史了解，甚至放弃我们已经掌握的关于迦太基战争的历史。因为我们能从那些生活在公元前 250 年之前的远古商人的账册上了解到很多有用的信息，对于解决今天的问题仍具有重要意义，甚至超越了一部《罗马帝国衰亡史》。这部史书仅仅顺带提到了迦太基，只字未提那个时代的商业活动。

---

① 索罗尔德·罗杰斯（Thorold Rogers，1823—1890），英国经济学家、历史学家和自由派政治家，倡导自由贸易。

那迦太基商人是如何做生意的？他们贩卖康沃尔①的锡料和普雷②的染料。他们在整个已知世界都有贸易关系，从西方的英国延伸到东方的印度。对于他们收到的锡料或染料，是否可以用金铸币或银铸币来支付？他们很可能以物易物，用自己的一种去交换另一种商品，或者用其他商品去换锡料和染料。他们是怎么付款的？他们是怎么平衡收支的？他们用汇票吗？尽管没有莎草纸或羊皮纸留存下来，笔者倾向于认为他们是用汇票的，无论是什么形式。但历史连一条线索都没有告诉我们。迦太基人如何调整国际贸易平衡？他们必然能够做到。雅法③（Joppa）、西顿④（Sidon）或亚历山大⑤（Alexandria）的商人都保留小册子或类似的东西，记录了他们从迦太基进口的物品以及他们在其他地方出口的物品。在三角交易中，罗马欠迦太基的债务，必须用一些复式记账法，并或多或少地定期交换报价，以平衡国家间的货币。历史告诉我们这些信息了吗？没有。然而，对于我们来说，相比于色诺芬⑥万人撤退的不朽篇章，这些实用知识具有更大的价值，能够让我们避免犯更多的错误。

---

① 位于英国西南部，世界上历史最悠久的锡矿产区。
② 古代腓尼基人的要邑，位于地中海东部沿岸，为古代海洋贸易的中心，今属黎巴嫩。
③ 今以色列城市，世界上最古老的港口城市之一。
④ 今黎巴嫩南部省的一座城市，曾是腓尼基人的主要城市，以染料和玻璃制品最为出名。
⑤ 今埃及的一座港口城市，亚历山大大帝建立，古代东西方集会、交易的中心。
⑥ 色诺芬（Xenophon，前427—前355），雅典人。军事家、文史学家，以记录当时的希腊历史、苏格拉底语录而著称。

▷▸ 谁为薛西斯融资？

　　老天宽恕我们不应该忘记塞莫皮莱战争的深刻教训。我们看到在第一次世界大战中，人们仍然能够揭竿而起，为斯巴达 300 勇士的英雄主义而奋斗。但是那些在战无不胜的薛西斯①军队中为"五百万大军"提供给养和装备的商人呢？"山脉看向马拉松②——而马拉松看着海面"，他们可能会一直对视，直到厄运降临，而不会告诉我们运送失败的波斯人的船队所消耗的船舶的成本。"你还会出征舞的舞步，然而出征的方阵今在何方？"如果我们知道出征方阵如何获得每日三餐，餐饭都是从哪里进口的食物，我们都不想知道出征舞是怎么跳的。笔者丝毫不赞同亨利·福特③对历史的批评——历史不是"空话连篇"；但是我们为什么不能对戴克里先在公元 301年颁布的价格垄断法令造成的经济后果进行可靠的分析呢？

　　古希腊人在那里采购的海军物资？他们是如何集中配给的？账户是如何结算的？是用钱币还是羊皮纸票据，将一个商人的欠款转给另一个商人进行三方结算？所有这一切在古代历史中都未提及，遗憾的是在现代历史中也被遗漏。直到

① 波斯帝国国王，发动第二次希波战争，以惨败告终。
② 今希腊阿提卡大区的一座城市。公元前 490 年，波斯与雅典展开的马拉松战役在此进行。
③ 亨利·福特（Henry Ford，1863—1947），美国汽车工程师与企业家，福特汽车公司的建立者。

19世纪中叶格林①的著作，讲述的是《英国人的简史》，而不是英国国王的历史。但是这本书篇幅太短，特别是讲述英国人的关键部分被傲慢的作者做了最大程度的简略。这部分讲述了那些值得尊敬但不善言辞的英国人民兢兢业业的社会图景。没有人敢轻慢导致大宪章②签章签署的历史事件记录。但是笔者对约翰国王不感兴趣，只想通过历史文献了解沃尔特·斯科特③笔下约克郡的商业和金融人物。就实际历史价值而言，犹太人被虐待拔掉的一颗牙齿比金雀花国王的权杖更加宝贵。

▷ 中世纪银行业

我们越是研究早期历史学家的作品，就越不明白为什么他们无法看清如此不言自明的事情。原因就在于他们几乎都不是出身于那个没有被载入史册的阶级，只在政治事件中偶尔被顺带提及。弗劳德（Froude）在他的历史著作中用大量篇幅记载了亨利八世与阿拉贡的凯瑟琳离婚事件，而对于凯瑟琳与亨利八世结婚的嫁妆征收与结算所涉及的金融财务活动

---

① 约翰·理查德·格林（John Richard Green, 1837—1883），英国牧师和历史学家。

② 大宪章（The Great Charter），又称自由大宪章，是英格兰国王约翰于1215年6月15日签署的拉丁文政治性授权文件；大宪章要求王室放弃部分权力，保护教会的权力，尊重司法过程，接受王权受法律的限制。大宪章是英格兰议会接受国王行政及立法权的端点。

③ 沃尔特·斯科特（Walter Scott, 1771—1832），英国诗人、小说家。

却只字未提。笔者听一位极富经验的新闻记者说过："最受关注的新闻从未见诸报端。"这句话中有些愤世嫉俗的意味，却也不失为一句实话，最具指导意义的历史事实也很少被载入历史。

这就是为什么塞缪尔·佩皮斯①的日记不是为出版而写的，它却能告诉我们更多关于我们想要知道的真实事件，而不是任何关于查理二世复辟前已经反复写过的事情。几乎是从佩皮斯日记出版之日开始，我们开始熟悉银行业在两个半世纪前在伦敦这座伟大城市的运作方式。就现有记录而言，我们的对银行业的了解不会早于17世纪末英格兰银行的成立。早期金融家的商业和银行记录几乎人人求之而不得。由于荷兰、西班牙和葡萄牙的殖民扩张，多年来在热那亚人和威尼斯人的贸易中一定有过类似的记录。但是，这些备受尊敬的历史学家似乎认为，国王私生子的诞生比开放贸易途径更为重要，殊不知后者产生的金融机制对国家的发展至关重要。

▷· **信用是多早出现的**？

笔者得知银行业，甚至是以简化的形式出现的分行银行业务，已经在中国实行了至少两千年，包括汇票、信贷和通常的银行制度。同样我们必须承认，伟大的现代信用体系基

---

① 塞缪尔·佩皮斯（Samual Pepys，1633—1703），17世纪英国作家、政治家，著有《佩皮斯日记》，是17世纪英国最丰富的生活文献之一。

本上是近代产生的。但是，仅仅因为我们对历史知之甚少，假设这一切都是现代产物是十分荒谬的。迦太基、热那亚和威尼斯的交易基本上是易货交易。但我们可以肯定并非所有都是易货交易。不仅是教规法，而且圣经及其相关作品都体现了高利贷的罪行。但高利贷意味着利息，利息意味着信用，就像货币意味着交换一样。在当时高利贷并不就是典当业，也不是中世纪所有的银行业。证据表明，当时存在同一人既收取利息也支付利息的情况。彼时就像现在一样，商人可能比神学家务实更多，也更清楚地认识到合法利息和高利贷之间的界限。问题在于历史学家，他们直到很晚都在受到教会对放贷态度的影响。他们对自己承认不懂的事情态度十分教条。作者怀疑历史上的13世纪其实并不"黑暗"，真正黑暗的是历史学家的内心。笔者怀疑这不是中世纪早期的"黑暗"，而只是历史学家在作祟。笔者甚至赞同我的朋友詹姆斯·沃尔什博士（James J. Walsh）的观点，即在真正的文明和成就方面，无论是艺术还是文学，欧洲的13世纪都比我们所处的时代的还要好。但是，就连他都无法找到任何关于商业机制的实用信息。

▷▸ 一个保守合理的预测

在铁路股票平均指数达到最高点后的一个月，1909 年 9 月 11 日《华尔街日报》发文解读 1909 年市场转折中的晴雨表，指出：

周四铁路平均指数突然下挫通常标志着股市下跌运动的开始。目前，这一特征还没有显示出足够的权威性，但无论如何我们都可以认为牛市即将回归。"既然目前利空消息仍占主流"，那么铁路和工业平均指数确实看起来比它们在之前的长期表现更像熊市。

悲观主义从来不是本报的基调，但大盘位于最高点时，本报发表此文恳请读者采取保守态度。只要不过于强调保守，就不会有问题产生。

从那时起，正如我们所看到的那样，虽然大盘已然十分稳健，年底前只出现了几次缓和的次级向下波动，但《华尔街日报》继续从平均指数的警告中吸取教训，在 10 月 28 日指出原有牛市回归所需的反弹幅度后提到：

"根据多年平均指数记录所显示的价格变动经验，我们没有任何理由传播恐慌，我们提出的只是一种纯粹的技术观点。但是晴雨表显示出了一些市场萧条的迹象，谨慎的交易者应该将之纳入考虑范围之内。"

▷ ‣ 晴雨表的有效性与日俱增

关于 1910 年牛市市场的言论被广泛传播，但《华尔街日报》在 1909 年 12 月 18 日仍不受欢迎地看跌，尽管两种平均指数都临近顶点。值得注意的是，当时讨论的其中一个熊市论点（除了平均指数之外）就是高昂的生活成本！1909 年 1

月人们还在大谈股市行情上涨，但到了 12 月 28 日，这一幻想最终受到了严重的打击。相似的例子不胜枚举。在讨论一战前 4 年的市场走势之前，我们目前已经能够充分证明股市晴雨表早在 12 年前就忠实地履行自己的职责了。

第十五章

一条"曲线"和一个
实例：1914年

股市晴雨表记录了很多经过挑选的工业股票和铁路股票的每日平均收盘"报价"，这两种彼此分离的板块可以相互检验、相互验证。我们在之前章节对股市晴雨表的讨论中一直强调存在一条"曲线"。无须多说，从某一天的单日交易中无法得出任何具有价值的推断，无论单日交易量有多大，都不可能体现市场的主要趋势。在道氏平均指数理论中，这种日常波动被定义为第三种也是最不重要的一种价格运动。我们完全可以将这种价格运动想象为一种每天都出现的不规则的潮汐运动。海平面的水平不会因为芬地湾或某些中国河流入海口出现异常潮汐变化而发生改变，海平面真正的涨落是有规律的，需要时间来体现。

▷ 定 义

因此，我们可以认为这条线通常预示主要熊市运动将出现大幅次级反弹之前或者主要牛市运动将出现次级下跌，在少数情况下也可能预示股市的主要运动即将发生转折。在本书中，我们几乎可以作为公理记住，这条线不是筹码集中线就是筹码分散线。有时候，买卖双方的力量会暂时处于均衡状态。在平均指数的历史上出现过一些非常重要的曲线，我们之前已经多次引用过它们。

▷ ‣ 预 测 战 争

　　平均指数作为晴雨表能够预测出就连华尔街本身都不知道或根本就不明白的事件。为了表明晴雨表的这种特殊价值，我们在此引入第一次世界大战爆发前的 1914 年 5—7 月工业股票和铁路股票两种平均指数形成的一条非同寻常的曲线。这是平均指数所经历的一次最严峻的考验。战争的爆发令全世界大为震惊，那么股票市场是否预见到这场战争了呢？我们可以公正地说，股票市场早在 7 月末以前就已预见到了这场战争或者说预见到了这个性质极其严重的问题，而德国军队在 8 月 3—4 日才入侵比利时。

　　我们应该记住，自 1912 年 10 月开始股票市场进入了一次主要的熊市运动。从 1914 年 5 月起，两种平均指数开始形成一条长度异常的曲线。铁路指数在 103 点和 101 点之间波动，而工业指数则处于 81 点到 79 点之间。其间只有一次，也就是 6 月 25 日，铁路指数跌到了 100 点，意味着平均指数发出了警告。但是第二天，两种指数就都回到原来的水平继续波动，铁路股票平均指数一直持续到 7 月 18 日，而工业股票平均指数则一直持续到 7 月 27 日。就在 7 月 27 日之后的第 8 天，德国军队入侵比利时，工业股票平均指数验证了铁路股票平均指数发出的预警。

▷ · "曲线"的定义

　　下面这张数据图涵盖了自 1914 年 5 月 1 日到 7 月 30 日铁路股票和工业股票收盘买入价平均指数的所有数据，它能够说明很多问题。这些数据形成的曲线就像用平均指数的其他记录数据绘制的曲线一样，应该是一条筹码集中线或者筹码分散线。到 4 月末，熊市已经持续了 19 个月，因此可以合理推测，如果没有发生战争，这将是一条筹码集中线，之后会开始一轮牛市行情。这轮牛市实际开始于 12 月，此时证券交易所刚刚恢复营业。

　　这张图表还能解答像这条曲线的持续长度或波动幅度这样的问题。当然从理论上讲，曲线是可以无限延长的，而且在本例中，工业股票平均指数实际上持续了 66 个交易日，铁路股票平均指数则持续了 71 个交易日。我们可以发现，铁路股票平均指数的最大波动幅度为 3 点，而更加稳定的工业股票平均指数的波动幅度达到了 4 点。因此，我们可以证明这条线是一条分散线，而实际上当时市场上的股票极度饱和，导致证券交易所自 1873 年发生黄金恐慌以来首次宣布停业。

1914年5月1日至证券交易所停业期间的铁路与工业平均指数数据

(每个数据都代表 20 只铁路股票和 12 只工业股票每个完整交易日的平均收盘买入价格。)

铁路股票平均指数

5月

102　102　102　102　102　103　102　102　102　101　101　103　103　103　102　102　103　103　103　103　103　103　105
101　　　　　　　　　　　　　　　　　101　101　102　　　　103　103　　　102

6月

102　102　102　102　103　103　103　103　103　103　102　102　102　102　101　101　101　102
101　　　　　　　　　　　　　　　　　　　　　　　　　　　　100

7月

102　102　102　102　101　101　101　101　100　100　100　100　98　98　98　97　97　97　96　95　94　93
　　　　　　　　　　　　　　　　　　　　　　　　　　　　　　　　　　　97　　　94

173

工业股票平均指数

5月
79 79 79 79 79 81 81 81 80 80 81 81 81 81 81 81 81 80 81 81 81 81 81
80 79

6月
80 80 81 81 81 81 81 81 81 81 81 81 80 80
80 80 80 80 79 80 80 80

7月
80 81 81 81 81 80 80 80 80 80 80 80 79 79 79
80 79 79 76 76

▷ · 究竟发生了什么？

那么，究竟发生了什么？当时美国股票的德国股东和消息最灵通的欧洲银行家们在美国市场上抛售了他们持有的股票。假如没有爆发战争，他们抛售的股票都会被美国投资者以不具代表性的熊市盛行的低价全部买进。到 1914 年 7 月，这场熊市已经持续了 22 个月。实际上，美国投资者还是在第二年把这些股票全部消化了。由于战争迫使外国持有者抛售股票变现，战争贷款又迫使其他投资变现，于是欧洲抛售的股票就取代新发行的投资型证券成了市场的供给源头。而发行新的投资证券是华尔街的本职，需要大量的机遇和积蓄，并将这两者结合起来进行运作。对铁路业的过度管制在当今已经被认定为一种经济犯罪。但是远在战争发生之前的很长一段时间，过度管制曾使铁路公司创造新资本的能力长期处于瘫痪状态。公众的注意力在此前的 5 年时间里已经被转移到工业股票的投资机会上，某些投资机会还带有危险的投机性质，例如在通货膨胀期间见不得人的石油股票促销活动。美国的证券失去了海外销售市场，再加上战争的影响，美国实际上从债务国变成了债权国，也失去了任何筹集资金的机会。这就是为什么在 7 月末经历了众所周知的大跌之后，到证券交易所在 12 月重新开业之前，股票市场只发生了较小幅度的下跌就立刻转入一轮大牛行情的原因。

▷ ▸ 与 成 交 量 的 关 系

　　知识的可贵之处不止在于它能告诉我们应该做什么，还在于它能告诉我们应该避免什么。所谓的"内部消息"在华尔街是一种危险的商品，尤其是当你需要根据内部消息进行交易的时候，但是它至少可以指导你防备那些真假莫辨的谣言。认真研究平均指数足以使我们发现一条"曲线"所处的状态，证明它是一条集中线，给出明确的信息。这不仅对股票交易者颇有用处，而且对那些把股市作为预测全国商业基本趋势的工具的人也具有重要价值。

　　现在就是一个引入一些有关成交量的知识的合适的时机。成交量的重要性远没有人们通常认为的那么大。成交量是一个完全相对的概念，在某种市场供给状态下可以算作较大的成交量对于一个非常活跃的市场很可能是微不足道的。只要平均指数曲线意味着市场还有吸收能力，那么无论市场的供给是30万股还是300万股，都会被全部吸收。不同的阵雨在密度、影响区域和持续时间上各不相同，但它们都是空气中的湿度达到饱和点的结果。雨就是雨，不论它的覆盖区域是一个国家还是一个州，持续了5个小时还是5天。

▷ · 如何预知牛市的到来

读者们很可能要问，我们怎样判断一波次级运动，比如次级上涨运动，正在发展成一轮主要的牛市运动呢？答案就在平均指数连续的锯齿形运动轨迹之中。如果这波次级上涨运动在主要熊市运动的形成过程中正常达到顶点后出现了小幅下跌，却没有跌至之前的最低点，然后又反弹至超过前次反弹最高点的水平上，我们就有把握认为，一轮主要的牛市行情已经形成了，但是无法判断其持续时间。晴雨表当然无法预测股市运动的持续时间，正如无液晴雨表能够无法在 10 月 30 日就告诉我们大选日的天气一样。

▷ · 晴雨表的局限

我们没有必要指望无液晴雨表能够无所不知。众所周知，无液晴雨表经常会做出错误的预测，即使没有经常出错，水手们也不会把它当作一个值得信赖的参考依据。股市晴雨表也是这样，解读股市晴雨表需要一定的专业知识。X 光片让我们这个时代的内科医生和外科医生们获益匪浅，给人类的生命和幸福带来了持续的好处。但是这些医生会告诉你，X 光片必须由专家们进行分析，对于那些并不习惯经常使用 X 光片的一般执业医生来说会看不懂甚至造成误诊。例如，X 光片的结果能显示牙槽出现脓包，但是外行人甚至某些牙医都看不出来。当然任何牙医都可以通过训练掌握看懂 X 光片的技能，同样的道理，任何具有聪明才智的外行人只要对股市运动抱有兴趣，但绝不能仅有投机的态度，也能够读懂股市晴雨表。

▷ᐧ 投机的必要性和功能

华尔街对于很多人来说是一个谜。这些人缺乏专门知识，在华尔街投机没有取得成功，反而认为自己只是在一个类似于赌博的游戏中不小心上当了。本书的目的不是讨论道德问题，例如投机的道德性、投机与赌博的界限、赌博在"十诫"中的性质，或者卖空行为是否有罪等问题。笔者的个人观点是，在个人能力范围内可以实现的投机活动不涉及任何道德问题。换句话说，投机行为的道德性是不言自明的，正如人类商业活动的合法性一样。如果有人决定把投机作为自己的事业或事业的一部分，那么其中的道德问题就成了一个纯学术的问题。投机行为是一国发展过程中最重要的基本要素之一，激发投机行为的精神可以用更美好的词汇来表述，如"冒险精神"或"创业精神"。如果没有人愿意为了获取比单纯投资更多的利润而承担投机的风险，美国的铁路肯定会在阿勒格尼山的东部山脚下就停步不前，而我们童年时代的地图上被标注为"美洲大沙漠"现在却成为重要的小麦和玉米产地的地区也将仍然以沙漠的面貌出现在美国的版图上。

拉迪亚德·吉卜林①曾经说过，如果英国军队总是等待支援，那么不列颠王国将永远止步于马尔盖特②（Margate）海边。股票市场或者任何一种自由市场中都存在着投机者，这不是理论，而是一个事实。如果美国决定放弃自由市场及其不可或缺的自由投机行为，这将是个坏消息，将意味着这个国家将停止发展，同时即将开始衰退。

▷ 困难，并非不公正

"如果外部投机者长期在华尔街从事投机交易，他肯定要赔钱"这种说法并不正确，因为笔者（虽然本人没有用保证金账户进行交易）可以举出无数的例子来反驳这种观点。但是如果有人想在一场需要资本、勇气、判断力、谨慎和通过研究才能获得的必要信息的较量中立于不败之地，他就必须像从事任何事业那样投入专注。就华尔街而言，把投机比作一场靠运气的赌博永远是一种错误并且有误导性的比喻。我们当然也可以认为，那些在与行家们的较量中不愿或不能遵守游戏规则的人正是把华尔街的交易视为一种纯粹的赌博，只不过最后输掉的肯定是玩家，而不是根本不需要玩弄欺骗手段的庄家。只有学会如何叫牌并从中得出正确判断的人，才能与玩竞叫桥牌的行家较量。一个外行玩家出于对潜在搭

---

① 拉迪亚德·吉卜林（Joseph Kipling，1865—1936），英国作家及诗人。
② 英国南部海岸小镇。

档的仁慈之心，也不会冒险。然而如果一个不想在桥牌游戏中让自己和搭档蒙受损失的人却毫不犹豫到华尔街从事投机交易，那么他赔钱还值得我们大惊小怪吗？

▷‣ 谁造就了股市？

现在似乎到了回答一个可以说是本质性问题的时候了——"到底是谁造就了股市？"是市场操纵者吗？是发行新证券流通的大银行机构吗？是证券交易所的场内交易员吗？是那些向记者夸耀自己的收益、向国会委员会大谈自己如何赚钱，却从来不提自己赔钱的大"操盘手"吗？当然不是。美国的股票市场从始至终都是由全美国储蓄和投资的公众造就的。当投资公众通过集体智慧一致认为应该在价格、收益和成交量即将下跌之前收手的时候，任何金融财团的联盟都不可能通过宣传或者任何其他手段操纵制造出一个牛市来。就算是精明专业的操纵者，最多只能在公众心理允许的情况下，刺激市场中本来就处于价格上涨状态的某只个股或者某个小板块股票的交易活跃程度。我们听说过一些成功操纵股市的案例，如已故的詹姆斯·R.基恩在 1901 年和 1902 年成功地操纵了美国钢铁公司和联合铜业公司的股票发行活动。但是还有几乎无数次操纵股票发行的努力，因为市场基本趋势导致其变得既无利可图又十分危险而被迫放弃，我们对此却一无所知。大型私人金融机构通常是证券的卖家，因为它们的业务就是发行证券以促进新企业的发展，并把公众资本的巨大储藏引入市场渠道中。华尔街的个体资本家出于私人投资的目的买进股票，笔者从一些申请公证的遗嘱中可以得知，像已故的 J. P. 摩根或 E. H. 哈里曼（此处仅举两例）这样消息灵通的大人物在对市场的判断中也会出现一些令人难以置信的小失误。

▷ · 投机合理性的依据

前文曾经说过，股票市场代表着美国上下对本国以及邻国商业状况的所有了解的集合。当一个商人或者工厂主发现自己的交易活动或工厂出现盈余时，很可能会把盈余投入流通灵活的证券之中。如果他的同行们普遍采用这种方式利用盈余进行进一步的发展，股票市场将会完全反映并且预见到他们的这种行为。他们会在 7 月份根据自己在年末分得利润时的即时支付能力使用大量的保证金交易来买进股票。但是，他们不会一直等到年末，因为他们知道自己在 7 月份获得的信息到年末将会人尽皆知，从而使价格大幅上涨。他们会在股价看起来便宜时买进股票，正如他们会在原材料价格看起来很便宜时为自己的工厂提前采购一样。我们必须注意，"直觉"是描述这种行为的最好词语，它源于拉丁文动词 sentire —— "通过意识和精神得知、感觉、思考"。这绝不是情绪主义的观点，因为华尔街不欢迎情绪至上。

▷ ‣ **直 觉**

华尔街懂得"直觉"的含义。它是一种高尚的冒险精神，是为实现崇高目标而付出的努力。在这种精神的作用下，布恩①穿过了阿巴拉契亚山脉；1849 年，49 位阿耳戈英雄式的淘金者翻越了洛基山脉。这是我们从莎士比亚时代的先辈那里继承而来的一种品质，我们的先辈带着这种精神驶进茫茫大海，勇敢迎战西班牙的战舰，并最终在不知名的大陆上以童贞女王②的名字命名了一片种植园。弗吉尼亚③（Virginia）今天犹在，但是正如奥斯汀·多布森④吟唱的和杜威⑤海军上将可能发问的那样，西班牙的无敌舰队今安在？这种"直觉"是国家发展的源泉和动力，绝不能与情绪主义者所定义的"官方州花""微笑周"和充满深情的"母亲节"混为一谈。在

---

① 丹尼尔·布恩（Daniel Boone，1734—1820），著名拓荒者与探险家。最著名的事迹是在 1775 年成功通过了坎伯兰峡，开拓了荒野之路，使得现在被称为肯塔基的地区被纳入美国联邦。

② 伊丽莎白一世（Elizabeth I，1533—1603），于 1558 年 11 月 17 日至 1603 年 3 月 24 日任英格兰和爱尔兰女王，是都铎王朝的第五位也是最后一位君主。她终生未婚，因此有"童贞女王"之称。

③ 弗吉尼亚是美国最初的 13 州之一，位于美国东部大西洋沿岸。该州为美国历史最悠久的州之一，1607 年英国就在沿海的詹姆斯敦建立起北美第一块定居点。

④ 奥斯汀·多布森（Austin Dobson，1840—1921），英国诗人、散文家。

⑤ 乔治·杜威（George Dewey，1837—1917），美国海军特级上将。杜威参与的最著名的战役是美西战争中的马尼拉湾战役。1903 年，杜威被授予海军特级上将。这是美国海军最高等级的军衔，杜威也是迄今唯一一获此殊荣的人。

英语国家，这个概念在很大程度上是为了伟大的时刻而存在的。正是这种"直觉"第一次为那位拯救了这个民族的无名战士①举行了国葬，并在威斯敏斯特大教堂竖立起了纪念石碑。也正是这种精神使所有的伦敦人在世界大战停战协议宣布之后的一分钟里默哀，停止了说话和呼吸。1919 年 11 月，笔者在伦敦市长官邸的街口静静肃立了两分钟。当时的情景的确很感人，使我这个不轻易动感情的记者都热泪盈眶。

重大的股票价格运动不是个人选择或领导者个人的决策所左右的。它的内涵远比此更加宏大和深远，至少对于一个在华尔街内外有过亲历经验的人来说就是如此。

"聪明的人是如此脆弱，伟大的人是如此渺小。"

---

① 在威斯敏斯特教堂埋葬着一位一战中牺牲的无名战士。

第十六章

规则的一个例外情况

　　格言可以说是众人集体智慧和个人聪明才智的结晶。有时候，好争论者认为格言不合时宜，将其称之为华而不实的一般概括或者老生常谈的自明之理。法国的一位哲学家告诉我们，所有一般化的概括都是虚假的，"包括这一个概括"。然而老生常谈的自明之理很可能是正确的，即使它的观念陈腐俗套。人们常常说任何规则都有例外，但是当例外太多时，就有必要总结一条新的规则了，在经济学上尤其如此。尽管科克（Coke）曾说的"例外根据例外的道理反证规律的存在"① 并不符合我们的需求，但是这句格言中"例外可以反证规律"的说法最适合本书目的，将"股市价格平均指数的重要例外"体现得淋漓尽致。

　　我们的两种平均指数，包括铁路股票平均指数和工业股票平均指数必须相互验证的规律，为根据股票价格运动趋势

① 罗马共和国时期的谚语。

股市晴雨表·第十六章

进行推断提供了有力的依据。平均指数多年来的历史数据表明，两种平均指数是同步运动的。但是这个规律有一个例外情况，而且这个例外在本书中非常重要，因为它能反证我们确立出来的规律。

▷ · 一些必要的历史知识

研究这个问题的一个有趣之处在于，要说明价格运动的含义有必要先回顾一下近代历史，因为股票价格运动的含义通常只有经过几个月以后才能完全显示出来。1918 年，当美国参加第一次世界大战大约 9 个月之后，两种平均指数都进入主要牛市运动状态，并在当年年末出现了强烈的次级下跌。铁路股票在全年一直处于上升运动之中，但随后又遭遇了抛售局面，导致在 1919 年几乎陷入了熊市状态，而同期的工业股票保持着最强劲的上升势头。在笔者发表本书中的系列文章时，很多人也纷纷撰文加以抨击，认为以上事实可以成为否定以平均指数为基础建立的全部理论的依据。但是如果例外也可以反证规律的话，这就是一个例子。

请注意，平均指数所包含的工业股票和铁路股票在本质上都是投机性的。它们的持有者经常变换，只有少数比较关心本金的人是为了获得固定收益而持有它们。如果这些股票不具备投机性，那么对股市晴雨表也就毫无用处了。1919 年，铁路股票之所以没有像工业股票那样形成牛市行情，是因为在政府的所有制和担保下，它们至少暂时失去了投机性。无论在牛市还是在熊市，铁路股票价格最多只能上涨到政府担保的预期价值的水平上。

▷‣ 受到削弱的晴雨表

因此在一年多时间里，平均指数作为晴雨表只有一半的价值，或许甚至还不足一半，因为工业股票的运动没有得到

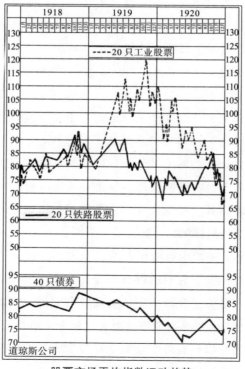

股票市场平均指数运动趋势

相应的投机性铁路股票的运动的有效验证。从图中可以清楚地看到，在整个考察期内铁路股票的运动趋势不是跟随投机性股票市场，而是随着债券市场同步运动。除了政府担保之外股民们没有任何希望，只有那些眼光长远的持股人能够预见到政府所有制造成的巨大浪费以及随后的崩溃会摧毁铁路业的创收能力。从图中还可以发现，在铁路业实行政府所有制期间，铁路股票先是偶然地与投机性的工业股票同向运动，但由于原因不同，只能体现政府担保的认定价值；然后，铁路股票下跌，随之又出现回升。这两种趋势明显是受同期债券市场运动的支配，而且这一点在债券运动中表现得很突出。

▷▸　一个重要的区别

在此有必要指出股票和债券的一个本质区别。股票代表的是合伙义务，而债券则是一种债务、一种抵押品、一种清偿顺序优先于股票的负债。股东是公司合伙人，而债券持有人则是公司的债权人。债权人把自己的钱借给公司用于购置固定资产，例如铁路公司的不动产或制造商的厂房。但是债券的实质在于，它的投机性特点对于持有人来说是次要的，甚至根本就不存在，持有债券的目的是赚取债券的固定收益。债券的价格严格地随着债券收益的购买力而波动。当生活必需品价格水平较低时，债券的价格就上涨；随着生活成本上升，投资性债券的价格就会下跌。人们很容易认为债券价格受货币价值的制约，但这绝对是一种误解。利率一直处于日复一日的波动之中，只有通过长期债券的发行条件，我们才能理解货币价值在几年中的变化，但是这最多也只是一种估计，往往还会估计错误。

▷‣ 为外行人下的定义

用最简单的话来表述，固定收益证券的价格与生活成本呈反比关系。如果生活成本升高，债券等固定收益证券的价格就降低，它们以美元计算的可见收益就会增加。如果生活成本下降，固定收益证券的价格就会升高，以美元计算的收益也会相应地减少。

▷‣ 政府担保的影响

很显然，当政府担保的最低收益率采取 1917 年 6 月 30 日以前 3 年内的平均收益率的时候，铁路股票就具备了固定收益证券的特征。假如铁路公司没有实行政府担保和政府所有权，而是继续保持投机性，那么其股票价格波动将不受生活成本的约束，而是受它们自身收益能力主要是预期收益能力的影响。因为，就像我们曾多次重复指出的那样，股票市场所反映的不是当前的情况，而是全国集中在股市中的智慧总和所能预见的最远的前景。

第一次世界大战时期对铁路股票产生了影响，让我们回顾一下那段战争时期的历史。当美国于 1917 年春天参战时，政府与铁路公司之间的协议还处于试用阶段。就股东们所知，他们的投资仍然具有投机性，因此呈现出投机性的趋势。政府明确接管全国铁路的声明直到 1918 年圣诞节第二天的晚些时候才公之于众，而股票市场当天还来不及消化铁路公司所有权变更的消息。但是在第二天，也就是 12 月 27 日，20 只活跃的铁路股票平均指数就报收于 78.08 点，比前一交易日的收盘价上升了不少于 6.41 点。虽然华尔街此前一直以为政府会为到期债务和资本改善增加投资，但是在不到两天的时间里，华尔街认真考虑了政府永久性接管铁路公司的可能性。就在声明宣布当天的上午，纽约一家支持威尔逊政府的报纸发文称，政府接管铁路公司的计划将会以铁路公司此前 5 年内的平均净利润为基础给予补偿。我们无法知道威尔逊先生的真实想法，但是当时及以后相当长的一段时期内，人们普遍认为这种政府所有权在其意图和目的上都将成为永久性的政府所有制。

▷ · 平均指数如何分道扬镳

第一次世界大战期间出现的第一轮牛市于 1916 年 10 月达到顶点，随后出现一轮熊市行情，之后又于 1918 年出现一次反弹。从上文的股票市场平均指数运动趋势图表中可以看出，铁路股票平均指数一直与工业股票一同稳步上涨。但是当股东的命运开始受到政府所有权和担保支配起，两种平均指数就开始分道扬镳。铁路股票平均指数的最高点出现在 1918 年

10 月，而工业股票平均指数的牛市行情直到 1919 年 11 月才达到顶点。在政府第一次以担保价格大量买进铁路股票后，铁路股票价格突然下跌，但在 1919 年仲夏又有所反弹。但是在此之后，铁路股价开始稳步下降，而工业股票则一路大幅上涨，直到 1920 年进入暴跌行情。1920 年，铁路股票的运动趋势与一路下跌的工业股票截然相反，实际上在同年秋季与后者的走势出现了交叉点。与此同时，债券的复苏也能与这种运动相互验证。

▷ 《埃什—卡敏斯法案》①

我们可以看到，铁路股票在 1919 年的下跌和 1920 年的复苏实际上是与 40 只具有代表性的债券在那两年的日均价格走势平行运动的。同时，这种平行运动与当时生活成本的上升和后来的下降紧密相关。当威尔逊总统在 1919 年春季和夏季远赴欧洲期间，不时有报道称，他对政府所有权出人意料的高成本和低效率感到不满，并打算找机会尽快把铁路公司返还给其私人所有者。我们有理由相信，他确实曾经打算，至少曾经希望在 1919 年 8 月 1 日归还铁路公司，因为他预计国会届时将通过适当的法案。国会一直忙于起草《埃什—卡敏斯法案》（现称为《运输法案》），但是一直拖过夏季和秋季，

① 《埃什—卡敏斯法案》（The Esch-Cummins Act），1920 年美国国会通过的法令，规定一战期间归为国有化经营的美国铁路重新私有化经营，并鼓励铁路公司合并，州际贸易委员会进行监管并保证盈利。

直到 11 月 16 日众议院才表决通过了这项法案。就在当时，也就是 12 月初，威尔逊总统明确宣布他将在来年 1 月 1 日归还铁路。然而，参议院却直到 1920 年 2 月末才通过该《埃什—卡敏斯法案》，致使总统不得不把自己原本确定的归还铁路的最后期限又推迟了 2 个月。

▷ ・ "管制解除" 的卖点

其实，在 9 个多月以前的 1919 年 5 月，铁路平均指数达到了双顶的第 1 个顶点，并在 7 月完成了第 2 个顶点。当时《华尔街日报》发文表示，铁路股票在收益报告令人沮丧的情况下仍然表现出强劲的走势，可能是由于 "管制解除" 正在成为卖点。毫无疑问，铁路股票从 7 月进一步反弹之后到 1920 年初下跌的原因是政府所有权造成了惊人的损害，使铁路的营运成本实际上在大多数情况下超过了运营收入。管理者精于政治却疏于财务，导致铁路行业的主要开支项目，也就是工资被抬高到不可理喻的水平，同时铁路所需的所有运营成本也都在成倍增长。战时政府作为当时唯一的买家，把缅因州铁路枕木的价格从每根 37 美分抬高到了 1.40 美元。值得注意的是，关于私营铁路自负盈亏所必需的大幅提高运费的问题在当时还仅处于讨论阶段。事实上，州际贸易委员会直到错过了有效时机才通过提高运价的提案。

▷ ‣ 本质性不同

联邦政府实际上直到 1920 年 2 月 28 日，也就是《埃什—卡敏斯法案》签署两天之后才撤销对铁路业的管制。然而，该法案将联邦政府的赔偿又推迟了 6 个月，创立了劳工委员会，而且还制定了新的铁路运价规定，铁路公司须向州际贸易委员会上缴 6% 的净利润。直到 8 月，铁路运价才上调，然而华尔街提前预知到铁路运价必然会提高，并且像往常一样在自己可以预见的期限内提前考虑利用了这个因素，在这个案例中提前了近 6 个月。

在分析战争对商业和生产造成的影响时，我们可以完全肯定地认为，第一次世界大战与以往的每一次战争相比，造成的后果在性质上或在程度上都是截然不同的。这场战争造成的后果在本质上不同于之前。在没有其他板块帮助的情况下，工业股票独自形成了一次牛市，这是工业股票前所未有的情况。我们之所以在此强调这种本质性区别及其产生的原因，是因为除非我们全面深入地对其阐释和领会，否则未来的教师和学生在遇到无法克服的困难和不可调和的矛盾时会不可避免地感到迷惑和气馁，而本书的目的正是希望他们和现在的读者一样对我们的讨论产生极大的兴趣。关于这一点，笔者还会在下文中提供另一个类似的验证例子。

▷ 全局感和幽默感

我们不必爱上自己的理论，也不必像任何时尚的迷恋者那样错误地对待自己的理论。如果你将一枚 1 美元银币拿在手上并且伸直手臂，那么就能看清银币与周围事物的正确关系；如果你把银币拿得太近，它与周围事物之间的关系将会被扭曲和夸大；如果你把银币拿得更近，那么除了银币之外其他什么也看不到了。上天不允许笔者试图建立一个经济学派以誓死捍卫世界围绕平均数理论运动的学说。我们也不需要通过本书来招募信徒。我们常常很容易原谅某个学派的创始人，但却几乎不能宽恕他所创立的学派。因此，我们必须与股市晴雨表保持一定的距离，从而不会认为晴雨表的重要性超过了它所预测的天气。我们已经有了一个合理的理论可以坚持，否则本章和以前章节的讨论就毫无意义。我们千万不能像太多的统计学者那样过分执着。科学家们，即使是最伟大的科学家，往往都会沉迷于自己的假说，可是这样做的结果只会颜面尽失。伟大的综合哲学家赫伯特·斯宾塞[1]曾对已故的赫胥黎教授[2]说过："你可能不会相信，但是我本人确实已经完成了一部悲剧的开头和基本框架的构思。""我完全相信"，赫

---

① 赫伯特·斯宾塞（Herbert Spencer，1820—1903），英国哲学家、"社会达尔文主义之父"，他提出将"适者生存"应用在社会学，尤其是教育及阶级斗争。

② 汤玛斯·亨利·赫胥黎（Thomas Henry Huxley，1825—1895），英国生物学家，因创造了生源论以及无生源论的概念而广为人知。

胥黎说，"我还知道它的故事情节，讲述了一个尽善尽美的理论是如何被一个丑陋邪恶的细节给毁掉的。"

▷ 我们的素材大多是全新的

我们总觉得有些遗憾，查尔斯·H. 道几乎没有明确阐述过自己的股价运动理论，也没能从这个理论中引申出任何推论，更不用说通过应用这个理论总结出任何实际有用的真知灼见了。我们也难免要感叹，他总能在当时资料极其缺乏的情况下看得如此深远。当道氏于 1902 年下半年去世时，工业股票平均指数中只有 12 只股票，而且目前平均指数使用的 20 只工业股票中只有 6 只是当时工业股票平均指数所采用的。10 年前，根本不可能找到足够数量的具有代表性并且持续活跃的工业股票以构成平均指数。当时的平均指数还不具有现在这种双重形式的优势，笔者多么希望能找到远至 1860 年的股市运动案例，哪怕是只包括 15 只股票的单一平均指数的案例。我们知道，两种平均指数相互纠正、相互验证是至关重要的。但是，当麦金莱再次当选总统时，由于缺少足够的持续活跃的股票，不得不把西部联合公司①这样的股票也归入铁路股票平均指数板块之中。我们既没有必要贬低也无须过度夸奖开拓者们的工作。他们必须为自己开辟出前进的道路，设计出

---

① 西部联合公司（Western Union），1851 年于科罗拉多州成立，主营电报和国际汇款。

自己的工具，而我们却能从他们的全部经验中大受裨益，并且太多的时候只不过是在从事一种创造性更低的工作，而且态度常常不够端正。

第十七章

晴雨表最有力的证明：
1917年

　　如果1917年的股票市场没有出现熊市行情，那么本书讨论的系列内容或许根本就不会出版了。如果真是这样，笔者会感觉从股市运动所反映的所有知识和智慧中得出的论断只不过是一些经验之谈，或者是一些根据不充分的前提为基础得出的推断。同时，笔者会认为股票市场出于某些难以理解的原因，看不到美国之外的情况。原因似乎很简单，股票市场无法对国际事务持有一种正常的、自我保护的态度。由于我们推导过程的可靠程度取决于股市最为薄弱的环节，所有对股票市场的研究成果有可能还不如街边杂货店中萝卜价格的变动更有价值。然而，从1916年10—11月到1917年的12月，股票市场出现了一次主要的熊市行情，我们完全可以称之为对晴雨表最有力的证明。

▷‣ 战局的不确定性

在那些轻率的批评者中，有一位没有领会到我们在本书反复强调的基本问题，即本书所分析的股市中 3 种运动的含义及其对未来事件的影响。这位批评者问道，为什么 1917 年和随后第 2 年的商业走势图连续表现出繁荣势头的情况下，股票市场仍然在 1917 年出现了大熊市的预警？而巴布森商业走势图中的那块代表商业繁荣的阴影区域，从 1915 年下半年到 1920 年末，却没有一次落在经过修正后的增长曲线上呢？难道在一战爆发后的前几年里美国商业发展没有出现过剩？难道美国商业没有为战争提供给养吗？难道我们没有打借条[①](IOU) 为军队提供食品和武器？难道我们不是还有几十亿美元的欠款没有回收吗？其中的一些欠款，难道不是很有可能永远也收不回来了吗？

以上这些问题固然很重要，我们要加以注意，但是除了股票市场并未失去理智，也不会把战争期间的利润当作我们牺牲过去和未来的外国客户的利益为代价取得的这个事实之外，1917 年熊市的形成还有一个特殊的原因。在这一年里，战争的结局一直都扑朔迷离。根据股票市场的总体信息，并不能排除德国最后取得战争胜利的可能性。股市晴雨表直到 1917 年末才开始预见到协约国将最终赢得战争。同年 12 月开

---

① 承认债务的非正式文件。

始的牛市行情提前 11 个月预测到了停战，并且提前 6 个月预测到了德国最后一次疯狂反扑的失败。然而，无论我们多么大胆地认为我们终将取得胜利，在 1917 年时人们的想法却深刻得多。当时形成的熊市其实是一种保险措施，但是对于那些无法将一种"繁荣"与其他类型的繁荣分辨开的人来说，股票市场对他们毫无意义。这是股票市场表现出的最正常的运动趋势，这次运动趋势所表明的市场预见能力比我们以前分析的任何内容都更加深远。

▷‣ 假如德国取得胜利

许多读者肯定曾经想过，假如德国及其盟国取得了战争的胜利，那么这个世界将会变成什么样子。肯定还有更多的读者认为这种可能性太过可怕而不敢多想。我们都能感觉到，现在的状况已经够糟糕了：法国已经被击垮，比利时已经被征服，意大利已经陷入了无政府状态，英国则成为一片废墟，陷入破产，自顾不暇，商船已经被摧毁。但是就在这种状况下，假如德国战胜，还向世界各国勒索上千亿的赔偿，将沉重的负担压在全世界人的身上，情况又如何呢？我们会愿意在加勒比海多出这样的一个邻居吗？有的国家会四分五裂，或许会出现一些新的国家（当然有些可能是伪政权），由此会造成很多严重的后果。如果不列颠王国从此一蹶不振，整个世界又会如何呢？

上述种种可能出现的情况或许会让最坚强的人都感到后

怕，然而股票市场在 1917 年却勇于直面这些可能的情况，并且逐一加以分析。西姆斯上将[①]后来曾告诉过我们当时的形势有多么危急，同时各协约国也私下里承认这一点。尽管美国 1917 年春季几乎毫无准备地参战了，但是直到年末美国的援助才发挥作用。当时，股票市场并不知道（因为没有任何人知道）美国是否应该这么晚才参战。毫无疑问，我们可以选择明哲保身，但是如果我们不能拯救自己的盟军，股票市场就必须承担失败的后果。我们在之前的章节中已经说过，除了考虑信息最完备的情报部门用于列入图表和分析局势而精心挑选的因素之外，股票市场还要考虑许多其他因素。诚实的股市记录文献编撰者绝不会认同，股市运动的警示作用仅限于反映美国一个国家自身即将出现的未来商业状况。

▷ · 英 国 的 国 债

我们将在另一章中专门讨论自 1908—1909 年牛市结束之后到战争繁荣开始之前那段不景气的商业萎缩时期，这将很有启发意义。战争开始前出现的熊市与这场颠覆了所有计算结果的战争之间存在着明显的联系。这场战争造成的影响如此巨大，以至于我们直到现在还无法在历史中找到先例。不过，那场长达四分之一个世纪，以 1815 年滑铁卢战役告终的

---

① 威廉·索登·西姆斯（William Sowden Sims，1858—1936），19 世纪末和 20 世纪初美国海军现代化的推动人物。在第一次世界大战期间，他是美国海军大西洋—欧洲战区司令。

拿破仑战争倒是可以找到一些在那之后的类似战例。如果我们接受"事件持续时间的长度可以在一定程度上与事件的强度相对等"的设定，并且把冲突的相对规模同人口及国民财富进行对比，得出的结果或许比某些观察家认为的更好。就笔者所知，有一个重要的事实从未在其他场合被提起过，那就是英国在历次拿破仑战争之后遭受巨额损失而欠下的英国国债。据估计，英国的债务在当时（1815—1816）达到了国民财富的31.5%。在19世纪的大部分时期和维多利亚女王的长期统治时期，英国逐步偿还了国债。到布尔战争①（1899—1902）爆发之前，英国国债占国民财富的比例已经下降到略高于4%的水平。

大致算来，布尔战争导致英国付出了10亿美元的代价，并且又把国债占国民财富的比例提高到了6%以上。在1902—1914年期间，尽管生活成本和税收稳定增长，但是英国的国债仍然再度下降，只是没有降到1899年的最低水平。英国目前的国债估计占到国民财富的33%，比历次拿破仑战争结束时（从1793年持续到1815年，期间有3年休战期）还要高出1.5%。毫无疑问这个比例高得惊人，但是还远没有达到令人绝望的地步，这也是为什么在战争使所有货币都贬值的情况下，英镑在汇率表现上仍然令人称赞，与美元的表现不相上下的一个根本原因。

---

① 布尔战争，是英国与南非布尔人建立的共和国之间的战争。

▷ 我们自己的负债

1917 年的股市一直在自问，假如德国胜利了，那么英镑和其他一切将会怎样。如果德国在 1918 年春季发动的反扑成功了，如果德国的印钞厂一直在加班加点赶印马克，那么今天在协约国流通的又会是什么货币呢？通过分析，我们可以满意地发现，股市晴雨表最本质的特征在于它的预见性。当我们自欺欺人地满足于账面利润增加、工资和物价双双上涨时，还有什么能比这次有益于股市健康发展的熊市行情更清晰地凸显出股市晴雨表的预见性呢？1916 年通过颁布《亚当森法案》①，我们把抬高工资的权力赋予了工会，却没有得到相应的增产保证。国会总统大选在即，忙于拉选票，哄骗了广大美国消费者和纳税人，诱骗他们为缩短劳动时间、提高铁路乘客安全保障的美好承诺牺牲自身利益。当然，《亚当森法案》并不意味着劳动时间的缩短，而是意味着劳动时间提前，甚至意味着加班加点。铁路工作的劳动时间实际上被延长了，因为该法案严格要求劳动时间符合工人利益，每个工作日的最多劳动时间提高到了 16 个小时，从而达到了法定的每天劳动时间的上限。我们现在都知道这在各个工业领域产生了挫伤劳动积极性的不利影响。有了这个先例，任何工资

---

① 确立 8 小时工作日制度的联邦制定法。具体是州际铁路乘务员规定了 8 小时工作制，对 8 小时以外的工作应按小时支付加班费。

要求都不会显得太荒唐，1917年初的参战又使我们四顾不暇。国会可耻的让步造成了致命的后果，几乎使美国每一个制造商和消费者都深受其害。

▷▸ 劳动掺水意味着什么

在《晴雨表中的水分》一章中，笔者已经提到劳动掺水的破坏力是资本掺水无法比拟的。如果没有这种掺水的稀释作用，我们的国债就能减少数十亿美元，甚至根本就不会欠下国债。战争期间的应急船运公司①总经理皮埃兹先生②估计，由于个人产出的减少和工资的提高，劳动效率已经下降到非常危险的地步。而提高工资的理由正是工资上涨造成的商品价格不断提高。皮埃兹说道：

> 战争期间，工人已经有意识地消极怠工。大西洋海岸的船场的工人们领取2美元工资应该付出的工作时间在一年前（也就是1916年）只能挣到1美元。但是，个人产出现在却只有一年前的2/3。

---

① 1917年由美国海运董事会成立，主要职能是调度商船满足国家的战争需要。
② 查尔斯·皮埃兹（Charles Piez，1866—1933），美国机械工程师、制造商、Link-Belt公司的总裁。

盖伊·莫里森·沃尔克①在《属于恺撒的归恺撒》（*The Things That are Caesar*）一书中引用皮埃兹的话说，我们在参战之后的单位成本产出只有战争初期时的1/3。据估计，美国的国债大约有240亿美元，扣除协约国欠下的借款110亿美元还剩下130亿美元。在这130亿美元中，又很大一部分（可能有一半）是由劳动掺水造成的。但是我们还应看到，协约国的欠款不仅包括现金，还有一部分是非现金战争必需品，而这部分欠款中劳动是其中最昂贵的成本，其中也被掺了同样比例的水分。劳动掺水不仅指现金工资，更多的是表现在消极怠工、偷工减料和质量低下。即使我们把无情的股市从公司资本中挤出的水分全部收集起来，它也根本无法与厚颜无耻的劳动掺水相提并论，而我们和我们的子孙后代却必须在随后的半个世纪里为这些水分支付利息。

▷ · 粗 制 滥 造 的 代 价

　　不难发现，资本中掺兑的"水分"在很大程度上是有名无实的。与劳动掺水造成的无法弥补的损失相比，资本掺水几乎不会对任何人造成任何的实际损失。当我们从这些水分中扣除战时繁荣中虚高的3倍价格以后，统计图表记录的战时那5年中的商业和工业活动必然令人失望，而我们今后还必须为战时的繁荣付出代价。所有的美元假钞都必须换成真正的

---

① 　盖伊·莫里森·沃尔克（Guy Morrison Walker，1870—1945），美国作家。

美元，而粗制滥造或者偷工减料所浪费的每一小时都必须用优质高效的劳动来补偿。

▷ ‧ 二次通货膨胀及之后的岁月

如果笔者不得不对即将出现的股市主要牛市以及可能造成的二次通货膨胀幅度（很可能要比战时通货膨胀小得多但是趋势已经相当明显）进行预测，那么笔者宁愿把它与英国在滑铁卢战役结束 6 年之后的情况进行对比。1821 年，英格兰银行重新恢复了金本位制度，黄金溢价也随之消失。历来自欺欺人的下议院在 1819 年不得不承认，著名的《黄金报告》是正确的，而不可兑换的纸币是错误的。在战后的英国，每 6 个人中就有一个人申请贫民救济，但从此以后，这个国家解决了战争遗留下来的通货紧缩问题。我们敢说美国不会迟早也以这样的方式来解除自己相对较轻的负担吗？现在距停战协议的签署已经快 4 年了，笔者写下这些文字时正在形成的牛市行情不知能否把我们带入类似于欧洲在 1821 年所遇到的那种情况。我们面临的形势并没有英国当时那么令人绝望，但是我们的外国消费者们却有大得几乎无法计算的债务需要偿还。这不是江湖郎中们用偏方就能治愈的疾病。实际上要想治愈这种疾病，只有把江湖郎中的偏方扔掉，因为我们的病人已经病入膏肓了。

▷▸ 晴雨表的能力毋庸置疑

　　然而我们今天已经遭遇了太多的不幸。股市晴雨表完全能够满足我们的需要，因为它能提前很多时间预测到萧条和繁荣时期，就像我们已经看到的那样提前发出清晰的趋势信号和危险预警。目前的平均指数正在表明，整体商业状况将在 1922 年夏天变得更活跃、更乐观。尽管经过仔细观察，我们发现股市晴雨表似乎比较清楚地显示出了它所预测到的繁荣与萧条的特征，但是，股市晴雨表不会自诩能够预测这种繁荣的持续时间。1907 年的熊市预测到的 1908—1909 年的商业萧条持续时间不长但程度比较严重。1909 年下半年和 1910 年的商业繁荣则持续时间更长却又程度较低；而此前股票市场中的牛市行情持续时间也比这次熊市时间更长，但发展速度更慢，而且涨幅也更小。幅度收窄这一点在随后出现的商业和股市的小幅波动中表现出令人惊讶的相似，其特点是后者的运动总是出现在前者的运动之前。只有在战争时期，股市的主要运动才和商业的发展呈现出同样强劲的势头。

　　同样值得注意的一点是，我们为期 25 年的股市图表显示，股市的成交量在战前商业小幅波动的不景气年份也是逐渐收缩的。总体来说，月均成交量还不及麦金莱 1900 年再次当选总统以前的水平。1911 年、1912 年、1913 年和 1914 年的成交量都分别低于 1897 年、1898 年、1899 年和 1900 年的水平，而且 1899 年的成交量高于以上年份中其后任何一年的成交量。

▷ ▸ 预 测 战 争

因此我们可以认为，股票市场的确具有一定的预测功能，虽然其方法的实际用途还不够明确，但是股票市场的确能够以某种方式预见到它所预测的事物的特征甚至规模。股票市场预测到了战争，这也是人类知识能够预测的程度。有人认为战争很有可能发生，但是战争之前的熊市绝不是偶然形成的，也不只是一种巧合。我们可能还记得 1912 年下半年出现的那次熊市运动，与过去的大多数熊市行情尤其是我们专门讨论过的熊市行情相比程度要轻得多。1914 年出现了一次程度并不严重的商业萧条，为之前的主要熊市趋势提供了部分令人信服的证据。然而，当时德国对其他国家的态度使一些人意识到爆发战争的可能性，他们纷纷变现股票，也无疑加剧了这次下跌。或许战争的源头应该始于基尔运河的通航，该运河流经德国，战略性地将波罗的海和北海连在了一起。

我们有充分的理由认为，这次熊市不仅预测到了商业的萧条，还是股市承受战争可能性的结果。前面曾经提到过 1914 年战争爆发前形成的一条筹码分散线，并且指出正是来自外国持股人抛售股票变现的行为使原本正常情况下应该出现的集中线变成了分散线，其间经历了几乎长达 3 个月的调整格局时期。有人因为股市主要运动并不总能根据各种现有的商业图表进行及时调整而感到不满。然而笔者要对这些人说，这不是晴雨表的错。股市晴雨表是世界通用的，能够注意到各种国际的因素，而商业图表根本做不到这一点。因此如果商业图表不恰当地印证了我们的推断，只能说明商业图表更加不如股市晴雨表。我们已经发现，晴雨表经受的考验越严峻，就越能成功地证明自己的效用。无论在第一次世界大战争爆发之前还是在战争期间，股市晴雨表都高度体现了自己的预测能力，就算我们想人为高估也是不可能的。而假如这场战争爆发于一轮牛市行情筑顶之时，情况又会如何呢？

第十八章

铁路行业管制

　　一个不需要任何资格鉴定但却影响广泛的主张大概就只有两种可能。一种是不证自明的公理。比如说，"任何三角形三角之和等于两个直角"。另一种则是不言自明的老生常谈。笔者在前文的论述中指出过，被制作成图表的商业数据即使编撰水平再高，也只能做出微小程度的预测。当然，这一观点需要一定的前提条件，因为一些时下最新也最科学的商业数据确实具有预测功能。哈佛大学经济研究委员会所编制的指数图表提供了一种预测商业的方法，采用了股市晴雨表的机制。这种指数图表在过去 20 年间被成功运用于《华尔街日报》及其联合出版物中。

▷ ‣ 　预测图表

　　熟悉哈佛经济研究委员会的人会记得在其编制的商业图表中有 3 条线，一条代表投机买卖，一条代表银行业务，一条代表商业状况。图表承诺绝不会企图证明不言自明的诸如"作用力和反作用力是相等的"的公理。哈佛经济服务委员会一战后才开始运营，但是它发布了一份 1903—1904 年的走势图，这张图表对于证明我们在此讨论的股市晴雨表具有极高的价值。在这 12 年间，投机线始终领先于商业线和银行业务线。换句话说，投机买卖可以预测商业的发展趋势，这正是本章想要证明的问题。

哈佛经济研究委员会根据股市平均价格绘制投机买卖线。他们知道，战争会摧毁所有的基础数据，从而使运行的计算都做了无用功。因此，哈佛经济研究委员会没有公布任何战争年间的图表。回过头看笔者的记录和报纸评论时，笔者发现，由于战争的原因，笔者几乎完全放弃了对股票市场运动及其与国家商业预测关系的结论。我们发现，当政府担保接管铁路时，只剩下工业股还有投机性趋势，而没有相应的铁路股运动来验证和确认。在分析哈佛经济研究委员会忽略战争时期并非不明智时，我们还看到，股票市场以难能可贵的方式尽最大努力，让公众意识到战争爆发的可能性，特别是1917 年的熊市，在战争爆发前 3 个月它的分散线就预示着战争的到来。

▷ · 比主要运动更大的运动

平均指数表明的另一迹象如今看来非常重要，但是在当时却未得到广泛认可。我们可以看到，在铁路私营时期，铁路股有自己的自由市场，也会随同其他板块的股票出现主要运动趋势。我们还可以看到，1909年一轮牛市筑顶，而接下来那一年迎来一轮熊市；随后，特别是铁路股又出现一轮涨幅极其有限、发展缓慢的牛市行情，直到1912年下半年才进入尾声。而后又迎来一轮熊市，到1914年12月纽约证券交易所重新开张后迅速筑底，此时一战爆发已经过去了18周。

从1906年到1921年6月，铁路股票价格总体呈下降趋势，这具有重要的历史意义——也是一个重要的教训和警示。这次运动不仅比主要运动持续时间更长，而且比前面讨论中假设的所有运动周期都更长。它持续了近16年。在接下来的1922年，铁路股平均指数将会有所改善，这不仅是可能的，而且几乎可以完全肯定，正如人性使然一般。那么为什么铁路股平均指数在近期不会重获回升高位的生机，重返伟大的铁路建设者詹姆斯·J.希尔和爱德华·哈里曼的后半生时期的那种行情？这是因为按照铁路业彼时的处境，铁路股票不仅丧失了很多投机价值，其永久性价值也被迫大幅度下降。这种处境不仅导致铁路行业威风扫地，就此一蹶不振，还"阉割"了他们的"繁殖能力"。从1897年铁路重建结束到1907年铁路破坏时代开始，股市晴雨表记录的数据和我们以这些数据为基础制成的图表都非常清晰地记录了铁路发展的状况。总的来说，这段时期是美国历史上最伟大、最成功也最具创造力的时期。

▷ 罗斯福和铁路

如果西奥多·罗斯福总统可以预见他鼓动反对铁路公司的致命后果，如果他能够意识到他对临时的罪恶进行了不可恢复的处理，他所谓合乎逻辑的论断及政策会在以后不知多少年甚至是永久性对铁路公司造成损害，仅仅是为了惩罚少数滥用权力的人，而这权力必然会发展成一个成功的公司。如果他意识到这些，我们可以肯定他的选择会大不一样。在过去 14 年间，公众改革的力量就如同摧毁的力量一样得到了充分诠释。过去铁路的发展不仅伴随着人口的增长，而且先于人口增长，但现如今，至少在这片陆地上，铁路的发展已经濒临停滞甚至已经奄奄一息。没有新的资金注入帮助没有铁路的地区建设铁路设施，更不用说建设工程更大的车站设施了。交通线是文明的主干线。但是罗斯福理论的改编版，又或者是对这些理论的曲解，或西奥多·罗斯福从未持有的观点——导致了这些交通动脉的硬化，也削弱了为动脉灌输生命之血的大型枢纽中心。

▷ 发展受阻

我们可以在 10 年一次的人口普查的同时看到美国的铁路里程数。如果我们在 1910 年铁路里程数是 240830 英里——自1900 年以来增加近 25%，并且是 1880 年铁路里程的两倍多——那么在 1920 年，像人口普查持续增长的数据一样，铁路要增加 9 万英里的里程。而实际上，这个增长量的 1/6 我们都没达到。铁路里程数增长不到 1.5 万英里，这是足以让铁路存活下来的最低限度了。我们的政治家们已经"懦弱得害怕变得伟大"。他们使我们最重要的行业的发展陷入瘫痪，却容不得一些精英人士将其伟大的理念转化为满足行业发展需求而致富。哈里曼和希尔去世的时候很富有。笔者认识他们两个，笔者知道他们的致富经历几乎纯属机缘巧合。他们力争致富是因为如果没有足够的经济实力支撑他们独立，他们就无法开创新局面。但哈里曼从未掌控过他所管理的铁路股票。股东毫无保留地信任他，这也是理所当然的。无论是在南太平洋公司、联合太平洋铁路公司乃至芝加哥和奥尔顿公司，他都没有掌控过多数表决权。哈里曼和希尔用他们的财富为从未谋面的数百万美国人带来了舒适、能力和财富，同时自己也成了富豪。从 1897 年铁路重建结束到 1907 年铁路破坏时代开始，股市晴雨表记录的数据和我们以这些数据为基础制成的图表都非常清晰地记录了铁路发展的状况。总的来说，这段时期是美国历史上最伟大、最成功也最具创造力的时期。

▷ ‣ 人类愚昧的循环

我们见证并且证明了道氏价格运动理论是正确的。我们知道股市会同时出现主要上涨或下跌运动，次级反弹或回调运动，以及日常波动。那么，我们是否可以进一步建立起一种属于我们自己的周期？当然，这种周期与之前我们讨论的、根据令人印象深刻且颇具启发意义的恐慌日期列表所建立的周期没有任何关系。哈佛大学经济研究委员会编制的商业走势图就一种足够明智而有益的尝试。一个商业周期包括"萧条""繁荣""复兴""紧缩""危机"。但是，我们无法确定商业周期任一阶段的绝对长度，而且在某些情况下，"紧缩"和"危机"、"危机"和"萧条"或者"紧缩"和"危机"甚至是同时发生的。但是我们可以从记录的平均指数中推演出另一个周期，这个周期几乎可以称为人类愚昧的周期。它只能发生在像美国这样的民主国家，因为在这种民主国家中，人们过于轻率地理解并诠释这种民主带来的最大特权——这是一种让他们自己犯错的权力。

▷▸ 科克西失业请愿军

笔者的想法不难说明。在 1890 年，由于共和党总统占领美国政坛，国会也多数为共和党人，而美国弥漫着不确定性和地方主义的氛围。立法通常来说是某种程度上的妥协，彼时也变成了违背道德的让步。真正的政治家能够成功在非本质性的问题上做出妥协，但绝不会牺牲重要原则。但是，《谢尔曼购银法案》①却牺牲了原则，带来了最严重的后果，因为

---

① 1890 年 7 月，时任美国总统的哈利生在银矿集团的游说下敦促国会通过了《谢尔曼购银法案》。该法案规定，美国财政部必须每月购入白银，一年的购入量必须达到 5000 万美元。

该法案牵动了金融体系的命脉。由随之而来的通货膨胀和过度投机造成的巨大且不可避免的恐慌，本应在 1892 年出现，但是因为那年美国小麦特大丰收，而恰巧我们强大的国际竞争者俄罗斯在那年农作物歉收。因此，1893 年才出现了恐慌。

在这个国家像现在一样盛行民粹主义之后的 4 年，科克西失业请愿军（Coxey's Army）从俄亥俄州的马西隆（Masillon）出发，于 1894 年到达华盛顿进行游行。科克西的主要设想——就是无限发行法定货币可以恢复繁荣——在美国各地的游行中得到呼吁，中西部情况尤为糟糕。威廉·艾伦·怀特（William Allen White）一篇题为"堪萨斯州（Kansas）怎么了？"的著名社论成为此次浪潮的转折点。在那些可怕的岁月里，铁路经理们处于最绝望的深渊。除了一些强大而健全的铁路线之外，其他的都破产了。1896 年间的铁路有 87% 处于破产管理状态。只有麦金莱第一次当选总统上任后，这个国家才重新迎来了理智和光明。

▷ · 十年繁荣

经历过民粹主义自由铸造银币的愚蠢，大家终于醒悟，正是他们的所作所为导致了国家破产。政治家们对他们草率立法产生的后果感到恐惧。在 1897 年至 1907 的 10 年间，政治的立法之手从美国的商业中抽离。自此，我们进入前所未有的繁荣时期。在这段时期，铁路业实现了前所未有的发展。也是在这个 10 年里，美国诞生了规模最大、效益最好的工业联合体，其中美国钢铁公司就是一个杰出代表。尽管生活成本在这个 10 年的后期有所上升，但整体仍然很低。这是一个薪资优渥的时期，不仅表现在钱的金额上，还有表现在人们的购买力上。

然而"耶书仑因发财而骄横"①。难道民主国家就容不得繁荣吗？或者仍然没有必要做出如此广泛的假设？我们发现劳工骚乱达到顶峰不是在荒年，不在工会没什么影响力或者根本不存在的时候，而是在繁荣年代，劳动力珍贵、工会领导层的资金完全无须精打细算的时候。这种骚乱并不是我们想的那样，是商业萧条的结果，而是因为发财而变得骄横了。几年前打下的民粹主义危险基础已经成为 19 世纪 90 年代不可磨灭的印记。我们似乎再次陷入这样一个民粹主义时代。当然，战争已经让任何可能的周期失常，但是易受影响的公众受到煽动反对私人财产思想的邪恶影响，必将在未来几年中食得恶果。

▷ ▸ 舆 论 的 重 新 考 量

如果笔者贸然根据这种大众愚蠢的周期进行预测，将会扩大股市晴雨表的用途，而且这些预计的讨论将会超出其正确的范畴。我们可以看到真正繁荣的十年黄金时期早已离我们而去。我们可以明确指出它的高峰时期，也看到了它在

---

① 出自《圣经》。

1907 年突然戏剧性的崩塌。战争引发的狂热的生产活动并不是一次公平的考验，因为它缺乏扎实的基础。像 1897 年到 1907 年间的另一个黄金十年开始之前，国家必须经历一段时间反问自己，不是"堪萨斯州怎么了?"而是"美国怎么了?"。事实上，如果笔者不相信美国人民凭借智慧在那一天到来之时可以找到正确答案，那笔者真是一个可怜的美国人。关于民主，没有比认为舆论总是对的更加软弱无力的谬论了。这取决于所谓的"舆论"如何理解。过分喧嚣的声音所表达的舆论最初一般都是错误的，或者本身虽然正确但其根源是错误的。但正如历史所示，伟大的美国人民的二次考量通常是正确的。

▷ ▸ 回忆林肯

每年我们都会重复葛底斯堡演说中的名言。林肯宣称在那里演讲的内容——应该还记得在那时，人们并没有把他当成伟大时刻的演讲家——与那里发生的事情相比，在人们的记忆中是不值一提的。林肯以他一贯的谦逊，低估了这次演讲完美表达的不朽思想。林肯 1863 年在葛底斯堡的演说存在于百万人脑海中，这些人几乎不知道这场战斗的情况，也不知道哪一方赢得了战斗，除非那不朽的联邦能够一直存在。但是，如果当时已经有联邦法律"罢免"联邦政府当选的官员，那么林肯很有可能被罢免而不能连任了。直到第二年，林肯才确定再次当选总统。有年长的读者读到这里，或许还能记起 1863 年的社会情绪低落及其对公众思想的影响。

▷ 政府干预的代价

从许多这类例子中可以看出，美国人民的二次考量是正确的，而舆论的首次表达很可能是错的。看看最近由无党派联盟在中西部制造的狂热吧，它弄虚作假，充斥着江湖骗术和欺诈。难道我们敢假定我们已经为制度清除了毒素吗？短短一个星期之后，就有人以种种借口向美国国会提交了一份建议发行几十亿美元不可兑换纸币的议案。

在过去的 10 年里，如果有一个应该铭记在公众心中的教训，那就是当政府干预私营企业时，即使私营企业的目的是发展公共事业，也会造成无法估量的损害，而不会带来任何好处。开发铁路和国家自然资源合适人选的只有我们自己。在某种程度上，铁路所有权比国会更具有代表性。它不仅代表了储蓄银行的每一个储户、保险公司的每一个投保人，而且还间接代表了美国国债的每一个持有人，因为美国国债的利息要靠铁路公司缴纳的税款来支付。

▷ 通过立法使人贫穷

必须承认，本章讨论的主题与其说是平均指数的晴雨表功能，不如说是平均指数的记录功能。但是如果我们出于某些显而易见的心理原因，为避免本书篇幅过长而忽略了平均指数记录给出的最重要的教训，那么我们的讨论将是不完善的。看看铁路平均指数在有数据记录的 25 年里的走势。16 年前，20 只活跃的铁路股票在 1906 年 1 月 22 日达到了最高点（138.36 点）。这一高位从未被超越，不过在 1909 年 8 月，铁路平均指数回到了仅比最高点低约 4 个点的水平（134.46点）。下一个高点出现在 1912 年 10 月（124.3 点），比最高点低了 14 点多。在之后一波的上涨行情中，差距进一步加大。1914 年 1 月 30 日达到的高点只有 109.43 点，只能算作一波不温不火的反弹。即使在下一次复苏，也就是战后出现的第一轮牛市中，铁路平均指数也只是在 1916 年 10 月 4 日达到了112.28 点的高点。正如我们所知，由于前文分析过的原因，铁路平均指数并没有享受到 1919 年的牛市。

现如今，铁路平均指数比历史最高纪录低了 50 点，而仅比 1898 年 7 月 25 日的记录高出不到 14 点，而那已经是 23 年以前的记录了。16 年，哈佛大学经济研究委员会的简单周期足以出现两次以上，比我们经历过的两次最严重的恐慌（1857 年和 1873 年）的间隔时间还要长，而且比杰文斯的 10 年周期足足长出 60%。让我们分析一下这段时期内的稳步下行趋势，就可以看到某些著名的商业图表所提出的表示国民财富增长的中间线在这条稳步下降的价值线面前是多么具有讽刺意味。难道世界上最富有的国家就能任凭政客们如此持续不断而愚蠢至极地把最优质的投资和最大的行业弄得一团糟吗？难道我们可以认为毁掉铁路公司的股东，会使其他人更富有、更幸福，不顾及是否抛弃父辈创造的基业或者让政客们给白白挥霍掉吗？我们知道也应该知道，我们不能通过立法使得人人都富有。但是这个例子和俄国的情况都表明，通过立法使每个人都变得贫穷，是完全有可能的。

第十九章

关于市场操纵的研究：
1900—1901年

　　在之前的讨论中，我们了解到市场操纵相对来说有多么的不重要。但是历史上，确有数起市场操纵的惊人事件。不过，对于 20 年前华尔街大有可能实现的事情，放到今天，则要么不可行，要么不再被准许。例如，如今想要操纵美国钢铁公司股票或者美国联合铜业的股票是毫无可能的，而詹姆斯·R. 基恩则在 20 年前毫无疑问地操纵了这两者。笔者提到这两只股票仅仅是为了举例，并不是将两者相提并论。曾有人对美国联合铜业的股票发售做出了傲慢鲁莽的评论，令笔者非常气愤，甚至现在想起都情绪激动。笔者（和查尔斯·H. 道）记得自己在法律允许的范围内，在那些言论被散播之时批判了那些言论。

▷· 在罪恶中孕育

　　联合铜业公司是在罪恶中孕育的，出生时也借助了罪恶的力量。1899 年初，联合铜业公司获准根据 7500 万美元注册资本发起召股，并于同年 5 月 4 日售罄。当时许多所谓的"报纸"（幸好现在都已停刊）认为这只股票的认购量"超过了实际数量的 5 倍"！这听起来是不可能的，因为这只股票的价格在不到一个月的时间里就下跌了很多，而且当时的股市总体上也处于低迷状态，直到第二年夏天才开始回升。当时，各路报纸纷纷发文谴责这种不光彩的行径，其中断然拒绝上当受骗的《波士顿新闻通讯》发表了措辞最为尖刻的评论文章。下面的选段是其中的一篇，文章发表的时间距离 5 倍"超额认购"① 不到一个月。1899 年 6 月 1 日，《波士顿新闻通讯》写道：

> 联合铜业公司股价的下跌是昨天非上市股票场外交易的特点。在铁路股票普遍处于低潮的时候，下跌是非常合理的。许多精明的华尔街观察家一致认为，联合铜业公司的成立代表了一个危险的信号，它警告那些保守的投机者和投资者们应该远离股票市场；他们还认为，一个需要 7500 万美元资本的盲目集资公司竟然会出现超额认购的情况，这就向投机者们发出了有利的信号，即公众已经丧失了理智，市场离崩溃已经不远了。
>
> 整个事件中最糟糕的一点在于，全国银行业中最大的机构，国民城市银行竟然会是这种交易的发起者之一。

---

① 超额认购是指认购申请高于新股发行量的情况。投资者考虑到可能只获配售部分认购数量，通常会认购多于自己的实际需要。投资者和承销商认为，超额认购的程度，可反映出公众对该公司发展潜能的信心。

▷ · 联合铜业公司

尽管坊间"超额认购"的谣言被传得沸沸扬扬，联合铜业公司的股票发售工作还是失败了。《波士顿新闻通讯》又以"联合铜业公司惨败"、"不现实的承诺和预测"以及"联合铜业承诺的幽默与悲情"为标题，发表了一系列言辞犀利又不失风趣的评论文章。也是在这个 6 月，又有流言说联合铜业公司的组织者以每股约 45 美元的价格收购了阿纳康达（Anaconda）公司的控股权，而后者在联合铜业公司创建时的报价是每股 70 美元，而新的联合铜业公司的股价将达到 100 美元。《波士顿新闻通讯》在同一篇文章中指出，虽然联合铜业公司对外宣布只买下了 51％的控股权，但是它 7500 万美元的资本足够买下其旗下所有子公司的控股权。对于今天监管有度的华尔街而言，这种交易太简单粗暴了，简直让人无法相信。

▷ · 股票发售中基恩的作用

到 1904 年下半年，詹姆斯·R.基恩操纵的股票发售活动已经过去 3 年。就在这时，这位杰出的资本运作专家写了一封公开信，他在信中承认自己"为亨利·H.罗杰斯及其合伙人们"发售了 2200 万美元的联合铜业公司股票（22 万股），每股售价在 90—96 美元。信中还相当明确地交代了发售期限①。第二年 1 月，笔者在《华尔街日报》发表了一篇文章，以"研究操纵行为"为题，根据基恩的发售记录，分析了他的行为举措。笔者的分析并未涉及道德问题，因为你无法对一个似乎没有道德的人谈论道德。在根据报价牌取得联合铜业公司股票的交易情况，并从股票交易所取得执行订单的交易员名单之后，通过比较各个时期的交易活动，笔者似乎可以对基恩先生进行详细的分析了。

这篇文章使笔者在华尔街树敌颇多，不过，公正地说，笔者并不认为詹姆斯·R.基恩也在此列。笔者在上文提到过，我们的关系并不亲密。但是在文章发表之后他曾多次找过笔者，而笔者无论怎么解释似乎都无法让他相信，笔者并没有采取不正当的手段接触过他的账目，或者如他所说："肯定有人向你泄密了。"当时的华尔街的环境和他自身业务的性质使基恩养成了多疑的性格。不论多简单的道理，只要他认为无凭无据，就绝不会相信。就这一点而言，他的心智并不健全。真正的伟人和一些孩子，都知道什么时候应该相信人，以及相信哪些人。从这个意义而言，基恩并不是一个伟人。

① 股票发售期限是从投资者申请认购股票的第一天起至投资者缴纳股款的最后一天止的全部时间。

▷ · 美国钢铁公司与联合铜业公司的区别

如果撇开道德问题，联合铜业公司股票发售活动或许是当时股市中最出色的成就了。基恩在操纵美国钢铁公司普通股和优先股时的手腕堪称完美，是后世领导者的楷模。不过这一次他拥有一个巨大的优势，即公众急于买进他要出售的股票。美国钢铁公司的资本中并没有人们想象的那么多真正的"水分"，所谓掺水的资本不过是明智的人预见到的增长。股票发售是在1901年完成的，当时卖给公众的普通股股价是50美元，3年后价格稳定上涨了4.9%，到1905年又翻了一番多。笔者曾在前文指出过，现在这只股票所具有的真正的账面价值有多少。

然而联合铜业公司股票发售时的情况却截然不同。如果将股票发售比作一门艺术，联合铜业公司的股票发售与美国钢铁公司的股票发售相比就像梅索尼埃①的作品与德诺伊维尔②的战争英雄绘画的关系一样。基恩后来表示，他当时并不愿意接手这桩生意。因为与美国钢铁公司的发售不同，这次的难点不是需要新造股市，而是在被别人的愚蠢行径破坏后的市场中开展发售活动。

---

① 梅索尼埃（1815—1891），是法国画家。
② 阿道夫·德诺伊维尔（1835—1885），法国画家。

▷· 初 期 的 操 纵 活 动

根据美国钢铁公司和联合铜业公司股票的销量分析，
1900 年 12 月 3 日到 1901 年 1 月中旬大致可视为本次操纵活动
的第一个重要阶段。就在麦金莱再次当选总统前不久出现了
一次大范围的牛市，于是那些真正认购到联合铜业公司股票
的人开始利用这个优势把股票抛售给原来的推销商。当时的
某些"宫廷公报"① 肆无忌惮地讨论这种"内部买断行为"，
它们终于说对了一次。内部人员买进股票是因为他们不得不
这样做，从股价的下降走势来看，他们"囤积股票"是迫不
得已的。创造出联合铜业公司的标准石油集团虽然掌握了外
部和内部两方面的信息，却仍然掩盖不了他们所采用的原始
而笨拙的方法。我们不妨在此总结一下这段时期内的联合铜
业公司股价变动和销量的情况：

    1900 年 12 月 2 日开盘价 ················· 96 美元

    12 月 3 日到 12 月 13 日销量 ················· 16 万股

    这段期间的价格波动 ················· 96—90.25 美元

    1900 年 12 月 14 日到 1901 年 1 月 11 日销量

    ················· 29.5 万股

---

① 宫廷公报指君主制国家刊登在新闻报纸上的日常宫廷活动、婚约消息等。这里
代指报道华尔街日常活动的报纸。

　　　　这段期间的价格波动 ················· 89.75—96 美元

　　虽然采取了各种刺激手段，1901 年 1 月 11 日的收盘价仍然只有约 91 美元。

▷‧ 基恩的首次亮相

　　基恩就是在此时首次亮相的。他绝顶聪明，当然明白要想哄抬市场以吸引投机性公众，首先必须打破当前的市场局面。接下来一个时期的有关数据如下：

　　　　1901 年 1 月 12 日开盘价 ··············· 91 美元

　　　　1 月 12 日到 1 月 19 日销量 ··············· 7 万股

　　　　这段期间的价格波动 ·············· 92.25—90 美元

　　　　1 月 19 日收盘价 ················ 90.50 美元

　　　　1 月 20 日到 1 月 26 日销量 ··············· 8.8 万股

　　　　这段期间的价格波动 ·············· 92—83.75 美元

　　　　1 月 26 日收盘价 ················· 89 美元

　　1 月 26 日的股票收盘价完全反映出基恩的卓越能力。与昏庸的所谓"内部人士"在 12 月份临时确定的 96 美元的价格相比，这个价格要现实得多。基恩初期的运作很有特点。在 1 月份的第三个星期里，每天的成交量平均在 2—3 万股之间；1 月 20 日价格跌到 86 美元，第二天则在 83.75—89 美元之间波动，第三天基本固定在 88.25 美元。从新闻的角度看，当时流传的谣言是不值一提的，但是它们很好地起到了刺激公众购买欲望的作用。种种迹象都表明：既然基恩没有离场，他肯定会做这只股票，努力扭转股票的低迷状态。我们可以比较有把握地认为，他此前一直没有试图掩盖自己的行踪，目的正是为了给人们留下这样一种印象。

▷ 牛市使操纵行为成为可能

然而麦金莱时期的繁荣也正在更广阔的市场上逐渐形成。股市正处于牛市运动之中，虽然受到北太平洋铁路公司股票抛售事件和随之而来的 5 月恐慌的严重打击，却没有就此低迷。基恩此时让市场相信自己已经抛出了所有标准石油股票，这是他能做出的最好的举措。他后来承认售空了罗杰斯用来集资的所有股票，而且都是在价格即将上涨到 128 美元之前以 90—96 美元的价格售出的。股价直到 4 月中旬才上涨，但是早在 3 月初就已经高出票面价格很多了。笔者曾在 1905 年撰文猜测，基恩的意思是指 2200 万美元的股票并不是由罗杰斯和他的朋友们以一个平均价格卖出的，而或许是在一系列大宗交易中以 90—96 美元（扣除操纵成本）的价格卖出的。当然其中有些价格肯定远高于此，但是我们已经看到还有些股票的售出价格低于 84 美元。

▷ · 基恩的第二次亮相

基恩并不是那种当市场按照自己意图运行时还打压市场的人，于是他在接下来的这段时期里明智地让股票自行发展，只是时不时地刺激一下，以培养牛市情绪。这时的成交量比较小，此后一段时期最大的波动幅度也没有超过 5 美元，但是我们应该注意到，当基恩再次出手时，此时股票已经稳居高位了：

> 1 月 26 日到 2 月 23 日销量 ························· 11 万股
>
> 这段期间的价格波动 ··········· 92.375—87.75 美元

在这一个月的平静期里，基恩或许真的卖出过股票，但是肯定从未打压市场。我们很难指出他究竟卖出过多少只股票，因为这个数量可能大得惊人，至少不会低于他必须售出的股票数额的 3 倍。他在操纵初期同时雇用了双边经纪人，包括买方和卖方，而这些经纪人甚至也不知道自己执行的是对敲订单。此举无论在当时还是现在都是违反证券交易所规则的。然而时过境迁，我们也没有充分的证据，并不能质疑他们。随着股票市场的发展，这种操纵行为或许会逐渐减少，而当公众明白真相之后，它们必然会彻底消失。

▷ 基恩最后的发售活动

基恩最后一次股票发售活动体现在所谓的第三种运动之中：

2 月 28 日开盘价 ················ 92.375 美元

2 月 28 日到 4 月 3 日销量 ·············· 78 万股

这段期间的价格波动 ··········· 92—103.75 美元

4 月 3 日收盘价 ············· 100.75 美元

基恩的 22 万股股票或许正是在这一时期售出的。他大体上已经向笔者承认了，但是对笔者如何得知此事的回答却从未感到满意。

这是一段不那么光彩的时期，其中一件事情就是联合铜业公司的股票始终是按照 8% 的溢价①发售的。联合铜业公司当时宣布的季度红利是 1.5%，还有 0.5% 的额外红利；而且它的董事们妄想自己可以永远地控制世界铜价，这个极其荒唐的想法最终让公众付出了代价。在基恩操纵活动的初期，公众们迷信一个谣言，伦敦金属市场——这个过去和现在都是世界铜业交易的自由市场——的价格下跌终于得到了有效

① 股票溢价是指股票的发行价格高于股票的面值，也称为股票溢价发行。股票的发行溢价代表了市场对该股票的预期，是公司发展向上的一个代表指标。

的控制。事实并非如此。但是在那个离奇的年代，这个谣言却和任何谣言一样听起来很像真话。几年之后，铜业大亨奥古斯都·海思兹与联合铜业公司的股东们达成了协议，但是这个协议本身就是当时的谣言所谈论的对象，并且成为牛市的一个主要证据。

▷ · 公众自己的繁荣

前文已详细说明，基恩在1901年4月前2周的操纵行为最终为这只股票创造出一个可能令他本人也感到吃惊的市场。它的容量至少是2月或3月时的两倍，有一天的日交易量曾经达到了24万股，并且当月有连续数天保持着大致相当的水平。相比之下，基恩操纵活动时期的3月6日成交量不过7.7万股，最大波动幅度仅有3点。

我们可以认为，随后的交易表明这只股票已经一帆风顺地达到了顶点：

4月4日到4月16日销量 ························· 127.5万

股价格的涨幅 ························· 101.5—128.375

最终，罗杰斯发行的这只股票终于全部进入市场，实际上是依靠牛市的狂热顺利地完成了发售。

▷ 他们自己制作的赝品

有些所谓"内部人士"曾经不得已求助于基恩，但是他们现在却似乎对自己制作的"金砖"信以为真了，这恰好暴露了人性可悲的一面。据记载，亨利·H.罗杰斯曾经像一个"从某个认识内部人士的朋友那听到什么消息的人"一样，他告诉基恩"股票正在上涨，他从多方信件中得知许多人都打算购买，并且建议基恩先生加入这个行列"。毫无疑问，提前张网捕捉罗杰斯这个老滑头根本就是徒劳的。然而这只股票的价格也的确比基恩完成发售时上涨了20多美元。

还有一件小事也很值得注意，虽然它根本不可能再发生了。在随后的交易中，那些被奉承称为"基恩御用"的经纪行开始十分惹眼，远甚于基恩真正进行交易的时期。从当时流行的谣言来看，基恩先生的大名只是在他稳妥地完成了自己的发售任务之后才开始被人提起的。此后发生的事一定也很有趣，只不过我们对此了解得还不够多，不宜再多加讨论。

▷ 石油企业和狂热的头脑

标准石油集团如今已经烟消云散。那些组建这个集团的百万富翁们当时也刚刚发迹不久，在联合铜业公司发售股票之前一直认为自己是战无不胜的。他们在当时和以后都犯过许多错误，但是后来终于明白过来，退出了股票市场。他们在石油领域尤其是标准石油公司的资本运作成就极为出色，因此其他方面的巨大损失并不能使他们受到致命的打击。总有一天，会有人津津乐道地讲述关于年轻的约翰·D.洛克菲勒先生及其投资"小皮毛"的故事，而只有当一个年轻人有一位真正富裕的父亲时，才能负担得起在给失败交学费的过程中花费的巨额财产。然而我们也有理由相信，昂贵的学费买来的经验对他的影响是永久的，甚至是值得称赞的。

笔者曾在前面说过亨利·H.罗杰斯犯了多么严重的错误，以及他的狂妄主张让无知的股市遭受了多少指责。但在最后的紧要关头，股市最终总是正确的。他死于1908年，留下了5000万美元的财产；如果他能多活两年，他的财产很可能会翻番。罗杰斯生前做了一些伟大的事业，其中有些甚至影响深远。弗吉尼亚铁路在刚建成的时候是全美国历史上最好的铁路，然而它却几乎让自己的奠基人心碎欲绝，因为尽管罗杰斯的金融后盾和个人财富都很雄厚，却不得不在1907年以7％的利率加上个人担保为自己心爱的铁路贷款。即使在这种情况下，他仍然误判了股票市场。当时的股票市场以一种最明确的方式表明，无论罗杰斯付出什么代价，他能贷到款都已经十分走运了。在那种恐慌年代，要想贷到款可是得任凭借款人坐地起价的。

▷ 从以上事件中吸取教训

在详细研究了这些臭名昭著的操纵行为之后，我们可以对股市晴雨表的本质和功能得出一些重要的结论。我们应该还记得，当时联合铜业公司股票的交易场所，是证券交易所的非上市证券部（这一部门现已取消）。正如《波士顿新闻通讯》当时所报道的那样，联合铜业无论从哪方面看都是一家盲资公司。依照目前规定上市的要求，这种行为根本不可能发生，笔者也不相信场外市场的新交易所里会出现这种行为。现行的信息披露原则比 20 年前完善了许多，以至于这种行为在一周之内就会受到银行界积极有效的抵制，没有任何一个金融联盟可以像组建标准石油集团那样实行不正当的市场操纵。然而最好的防范措施却是公众意识的极大进步。现在的金融信息比过去不知完善了多少倍，而医治腐败的药方正是信息公开。充分暴露在阳光下是根除罪恶最有效的办法。人们再也不会被那些 20 年前被称为新闻的小道消息所蒙骗了。"内部人士"的不败谎言已经彻底被戳穿。随着时间的推移，建立在道氏股市三种运动理论基础之上的股市晴雨表显示出更强的可靠性。当然，股市晴雨表也并没有受到操纵行为的真正威胁。关于这一点，笔者将进一步展开讨论。

▷ 新闻报道的不良业态

只要股市中发生一次操纵行为，就会被持续报道 20 次之多。这是因为那些不称职的记者根本不会用心理解股票市场的走势，而是通过这种方式进行解释。在华尔街收集新闻素材很困难，但是也绝非没有可能。比起在其他任何地方，在华尔街收集新闻素材要求记者具有更高的才智。要想把这项工作做得更好，还需要记者坚持不懈的努力。具有后一种素质的记者在商业新闻界并不多见，金融记者总是倾向于使用连他们的老板都看不懂或不能正确理解的专业词汇蒙混过关。像道琼斯通讯社这样有责任感的新闻媒体总是把所收集的新闻素材与所报道的新闻的真实性作为自己的生存之道，而其他媒体的金融报道工作极容易变成一种例行的公事。不过，这种情况正在逐渐改善。

▷‣ 总会有原因，因此总会有新闻

笔者对这个话题特别感兴趣，因为笔者在华尔街最早的工作就是为道琼斯通讯社撰写股评，目的是尽可能为市场中个股和大盘的波动找到原因，哪怕是暂时性的原因。但普遍的原因是不够的，笔者在收集那些可能在半小时后即告无效的新闻素材时，曾经有过许多悲伤的或极其荒唐的经历。当然，对那些与市场利益息息相关的、活跃的经纪行和银行来说，这种新闻具有极高的价值。因为它们的客户对这种新闻存在贪得无厌的需求。尽管已经过去了 20 年，笔者仍然对自己曾提过的一些不成熟的理由心怀愧疚，尤其是报道方式没有什么根据这一点。但是笔者至少真正完成了新闻收集工作，而不是在猜测。回顾往事，当笔者辞掉这个压力重重的工作而成为《华尔街日报》编辑的时候，华尔街的经纪行纷纷表示出惋惜之情。纵观笔者的一生，最大的快乐莫过于此了，因为在正常情况下，记者得到的回报几乎与补锅匠的驴得到的奖赏并无区别——"多踢几脚，少给酬劳"。但是作为补偿，他将拥有世界上最有趣的工作，如果他真心喜欢这份工作的话。

由此，我们就能发现操纵行为在公众意识中被如此荒唐地夸大的主要原因了。股市中的每一次运动都应该有一个合理的原因。为了发掘这个原因，记者必须进行非常严密的研究，并且对市场运动的利益相关者蓄意散播的消息加以甄别。市场运动的利益相关者包括执行交易指令的场内交易员，最好还包括那些发出交易指令的人。研究还可以更进一步上溯交易指令的初始来源，这样新闻就可以进行更深度的挖掘，从而找出买进或者卖出股票的原因以及相关的特定某只股票。

▷▸ 真实的新闻能保护公众

华尔街有许多格言，本质上多少带有一些"麻醉剂"的性质，"牛市无新闻"就是其中之一。这条格言是不正确的，因为显而易见的道理往往不需要一大堆证明条件。任何市场行情都有新闻，而且有大量新闻，只要记者愿意找到它们，并公之于众。如果记者只是满足于例行公事地为晚报甚至早报编写点市场评论，或者满足于在金融新闻的"夹缝"中寻找热点，那么他将不得不苟且于写作那些仍然被某些报社老板视为新闻的过气话题，例如"操纵活动"，"交易员在抛售"或"标准石油集团在买进"等。华尔街是世界的金融新闻中心，在笔者从业于此的这么多年中，新闻采编工作一直处于稳定而快速的发展状态，而这个领域的发展是永无止境的。

第二十章

结论：1910—1914年

　　我们关于股市晴雨表的讨论已经接近尾声。笔者从《巴伦周刊》的读者那里得知，这一系列的文章很有启发性，也很有趣味性。读者的反馈意见无疑也给笔者带来了启发，因为笔者在开始写作这个系列之前，并没有意识到分析道氏价格运动理论能够带来多大收益。道氏理论引导我们首先分析了一些自以为是的所谓"周期"理论，然后考察了一些历史权威数据。通过对历史权威数据的考察，我们了解到，如果这些历史数据记录是精确编制的，那么就能告诉我们很多商业信息。我们还了解到，由于过去人们不明白或者不重视商业对一个国家乃至整个世界发展的重要性，因此对商业历史知之甚少。我们还进行合理可靠的估计，不仅针对股市晴雨表的功能，还有其局限性。至少现在我们知道，股市晴雨表不是一种投机取胜的法宝，也不是一种可以保证不受损失的股票交易手段。

▷ 投机行为的预测价值

到目前为止我们发现，投机行为并不会限制股市晴雨表的功能，反而会扩展它的功能，使其范畴远远超出了我们分析过的股市三重运动理论，即主要上升或下降运动、次级反弹或回调运动以及永不停息的日常波动。至少，我们已经为那些需要扩展业务的商人提了一种真正能够有效预测一般商业发展趋势的方法。在哈佛大学经济研究委员编制的商业走势图中，从 1903 年到 1914 年的数年间，投机线总是位于银行线以及商业线之上。这种图表是事后得出的计算结果，而且具有极端的保守主义特点，编制期间也进行了大量调整。所以如果从道氏三重运动理论的角度考虑，这类图表绝不可能具有晴雨表每日记录的平均指数所具有的价值。

▷ 知道何时止步的预言家

当股市本身活跃时，那些靠在股市上贩卖信息和技巧为生的人便会随之活跃起来并十分引人注目。当股市低迷时，只有那些颇有病态幽默感的人才会去光顾他们，而这些人会因此倍感沮丧。在 1910 年股市筑顶到第一次世界大战爆发之前的那段平静期，他们中曾有一个人多次向笔者诉苦，感慨自己的无能，无法预测一个已经无利可图的市场前景。但我们的晴雨表对此无须食言或者后悔。股市晴雨表几乎是现今唯一一个能在无话可说之时就闭口不言的预言家。从《华尔街日报》不时发表的有关股市价格运动的而研究文章中，笔者提供了一些证据，证明股市晴雨表在 1909 年后半年已经清晰地预测到了 1910 年的熊市。随后，股市在 1910 年 6 月开始好转。

虽然市场复苏缓慢，但总体趋势是上升的。在 1911 年的仲夏出现了一个规模较大的次级运动。然而，主要运动的筑顶出现在 1912 年的后期，而最有趣的是一战前 4 年大盘波动的幅度相对较小。从 1909 年后期到 1910 年中期，熊市的趋势特征明确，但从两种平均指数来看，其水平几乎都不到 1907 年恐慌时期即上一轮熊市的一半。接下来出现的一轮牛市行情（称之为牛市似乎过誉，因为它绝不是一波大涨行情）涨幅只有从 1907 年秋天到 1909 年底出现的那轮牛市行情的 1/3。总而言之，在这些年富有教育意义的股市走势中，我们可以看到大盘波动幅度逐渐缩小的趋势。对这些年的商业记录进行考察我们可以发现，商业的活跃度也相应放缓，并未达到萧条的程度，但可以称得上不景气。当然，美国的商业不是没有希望提高其自然增长率，但绝不会出现令人瞩目的或者足够强劲的增长，以刺激大量投机活动。

▷ 预测大小行情

这里我们又看到了晴雨表的另一个有价值的功能。从这个意义上讲，主要运动的确能够预测即将到来的经济改善的程度和持续时间，或者即将到来的商业萧条的深度甚至严重程度。我们对我们的 25 年图表所涵盖的特定时期的讨论已经充分表明了这一点，任何人都可以通过比较前几篇文章中的价格运动分析和随后的商业发展状况进行了解。我们可以认为，商业状况在 1910 年陷入低迷，并且在战时繁荣之前一直没有恢复到能够在投机市场上预见得到的活跃程度。

　　下面这个时期似乎给商业图表的编制者出了个难题，在这个时期，商业图表假定正常的商业状况具有一定的发展节奏。然而在这些年富有启发意义的股市运动中，所谓的商业作用力与反作用力的假设根本无法成立，倒不如说，商业钟摆的摆幅正在逐渐缩小。也许有人说对各种战争物资的需求，在我们的商业时钟放缓的时候给它上了一记发条。这一点都不准确，但它给出了一个形象化的概念，如果可以灵活地应用，这个概念是有用的。

　　但从 1909 年的股市筑顶开始，我们可以预测出一轮可以称之为合理的、持续了近 5 年的熊市。就某种程度而言，这轮熊市可被视为主要运动的一个可信例子，因为道氏第一次阐述他的理论时曾粗略地假设股市的主要运动大约持续 5 年。毫无疑问，美国过快的资源开发以及可能存在的铁路资源过快开发会在 1907 年达到极限，导致恐慌的发生。笔者认为，我们可以审慎地推断出，并非所有这些重大恐慌的影响都能在随后合理的股市反弹中消散，例如，1909 年的反弹达到了高点。我们看到，商业调整所需的时间要长得多。

▷‣ 周期理论的有用之处

　　下面这个例子将表明恐慌周期理论也具有一定的用途和地位，尽管这个理论太过模糊，难以应用于日常活动。这个例子从历史上看非常值得关注，如果我们能够正确理解，就能真正受益。1873 年的恐慌过后，股市出现了一定的反弹，但随后商业普遍萎缩，当时的情况不同于今日，但与我们现在正在讨论的那段时期非常相似，足以形成对比。我们几乎可以这样说，直到 1879 年恢复规定货币支付时，美国的商业才开始好转紧接着又出现了更广泛的发展，但 1884 年那场不那么严重的恐慌却抑制了这一发展势头。

　　与此类似，1893 年恐慌之后出现的商业萧条期也比股市的下跌时间长得多，尽管股市一直处于窄幅盘整状态。如果绘制成图表，这个时期的股市波动将与 1909 年股市强劲反弹结束后的情况惊人地相似。由此，我们可以发现某种一致性，它至少能够表现出一些相似的规律。这些规律所支配的股市运动比我们应用道氏股市运动理论推断出的主要运动趋势还要大。我们至少可以看到，一旦市场信心被成功地击溃，那么将需要几年而不是几个月的时间才能重新恢复。

▷ · 成交量收缩及其含义

前文已指出，在熊市中股票的成交量总是比在牛市中少得多。我们的 25 年图表记录了每日股票交易量的月平均指数，这些平均指数告诉我们，在 1911 年到 1914 年的投机交易仅仅略高于麦金莱重新当选总统之前 4 年的规模。接下来我们要考察的是出现战时繁荣之前的一段时期，但是战争让这段时间所有相关的计算结果都失去了意义。哈佛大学经济研究委员会甚至没有编制这段时期的商业走势图，因为他们认为彼时的世界形势就像地震或其他自然灾难后的状况一样反常。

不过，自一战以及 1921 年 6 月到 8 月的那轮通缩熊市行情结束后，股票成交量明显进入紧缩状态。这表明我们当时正经历一轮有可靠记录以来速度最慢、涨幅最小的牛市行情。笔者在当时发表的一系列文章中，不止一次预测到了这轮毋庸置疑的牛市行情。这波复苏一直持续到 1922 年 4 月，当时工业平均指数上涨了 29 点，而铁路平均指的涨幅超过前者涨幅的 2/3，并且还伴随一波典型的次级运动。在一次表现强劲的主要运动中，次级运动也会相应地充满活力。值得注意的是，无论是 1922 年主要运动的大起大落，还是次级运动，都没有显示出强劲的势头。迄今为止，这种势头一直预示着商业的繁荣，而不是保守的复苏。股市晴雨表显示，一定程度的复苏即将到来，但速度将是缓慢的，而且需要比通常情况更多的时间来实现。股市晴雨表这次预测到的不是一轮股价将创新高的牛市，委婉些说，这轮牛市并非能推动美国工业大发展的大牛行情。

▷ · 限制铁路业

在第十八章中，我们考察了铁路股在 16 年间的持续下跌行情，读者很容易就会认识到，为什么目前股票市场甚至在其复苏时期都表现极端保守，这是有道理的。至少在我们的晴雨表上，20 只活跃的铁路股票代表了一半的投机交易素材和记录。美国的铁路是这个国家除农业外最大的单一投资行业，但是这些铁路的状况使人极不安心。目前没有任何证据表明，令人烦恼的监管可能不会继续甚至变本加厉限制铁路行业创造财富的能力。

我们的立法者曾经错误而愚蠢地认为，只能允许铁路公司的股东赚取最高不超过 6％的收益，却要他们承担收益减少甚至公司破产的风险。显然，在这样的条件下，资本永远不会进入交通运输业。并且当股市一半的投机领域建立了这样完全令人沮丧的环境，还要不损害到另一半投机领域，这不可能。谁能预见到，如果我们正陷入 19 世纪 90 年代中期的民粹主义状态，政治的动荡将会带来什么后果？我们正在通过管制把资本排除在各种公共事业之外。谁敢说，这种对资本盈利能力的干扰不会扩大到大型工业企业？

▷ 工 业 领 域 的 政 治 干 预

这不是毫无根据的推测，政治干预已经扩展得如此之广。
当然，也并没有给公众带来任何好处。但是，司法部对美国
钢铁公司采取的行动（现已取消）表明，如果煽动政治家非
要把自己风行的危险理论强加于工业领域，那么他们能无所
不用其极。我们可以无比肯定地指出，集中是现代生产的大
势所趋。在统一管理下，例如美国钢铁公司，生产出的商品
肯定要比由大型集团旗下 20 多个独立子公司各自独立生产
的商品便宜得多。但是，一旦人们接受了煽动政治家们
"规模本身就是一种犯罪"的观点，就像过去一些相关部门
那样，那么我们很可能在今后 5 年中看到令人担忧的商业
状况。

▷ 塔 夫 脱 总 统 继 承 的 政 策

笔者在白宫采访塔夫脱总统一定是在 1909 年或 1910 年
初。当时笔者向他表示，由政府背书的极端仇视思想正在使
美国铁路业的发展陷入泥潭，而我们的立法机构又束缚了商
业的发展。塔夫脱先生赞同我的观点，但他说话很谨慎。他
表示，我们不能再指望能实现过去的那种快速增长了，那是
通过巨大努力把投机性期望变为现实而造就的。他倾向于认
为通过监管大公司而保护公众利益所必须支付的代价。这是

他从罗斯福那里继承下来的"政策"，但仍没有让 1912 年的进步党满意——那次采访时间不长，说完这些采访也就结束了。连塔夫脱先生都以他无可指责的诚实接受这个观点，所有在州立法机构和州监管机构中的小政客，不顾公众利益，都对铁路公司充满积怨，我们又能指望他们什么呢？

▷▸ 我们自愿戴上的枷锁

我们这样作茧自缚有什么意义呢？难道可以认为铁路服务已经通过这些干预得到改善？可是今天的餐车再也做不出哈维（Harvey）20 年前为阿奇森铁路公司（Atchison）提供的那种美味饭菜了。麦卡杜（McAdoo）先生发明的"标准铁路用餐"让它的受害者们觉得像一场噩梦。铁路公司甚至还没有恢复到原来的服务水平。宾州铁路公司和纽约中央铁路公司都曾把纽约和芝加哥之间的运行时间缩短到 16 个小时。但现在这段时间已经分别延长至 20 小时和 22 小时。车厢比以前舒服吗？铁路工作人员比以前更有礼貌，更乐于助人吗？当铁路公司因为工作人员没有保持车厢清洁而解雇员工，而又不用被劳工委员会没完没了地调查时，这些车厢就可以保持干净了。但是我们已经通过立法和管制使铁路的服务精神荡然无存。铁路公司只是以一种漫不经心的方式同行业竞争，只求自己的铁路线比同行的铁路线更有吸引力。怎样才能刺激铁路公司投资改进这种吸引力呢？国会曾表示，如果铁路公司的一项投资回报率超过了 6%，那么超出的收益都将被剥夺，无论这项投资多么明智。这项规定完全阻碍了铁路公司靠提高收益来实现发展。

▷ ‣ 真实的心理状态

我们并未偏离主题，而是正在为平均指数所反映的最重要的运动追根溯源。打压铁路公司势必影响其他行业，因为美国铁路协会列出的一长串铁路物资制造商是美国制造行业的重要组成部分，甚至能够左右整个行业的发展方向。有一个词用在这里可以说明一些问题，那就是"心理"。但是这个词令人心生厌倦，因为它在刚刚过去的江湖骗术的年代里被不断地滥用和误用。然而，目前存在一个真实的心理状态问题：我们对自己丧失了信心。我们对供求规律进行的干预破坏性极大，以至于无法再让它回到独立发挥作用的状态。

在一个没有商业自由的国家，人们不可能拥有真正的自由。没有比官僚主义更冷酷、更愚蠢的暴政了。举一个简单的例子：就在不久前，宾夕法尼亚州铁路公司总裁雷亚（Rea）问笔者，是否知道他的铁路公司在一年内向华盛顿各部门（主要是州际贸易委员会）提交了多少份报告。笔者知道这个数字是庞大的，于是对他说，真正需要的报告估摸有500份，再扩大20倍，也许每年提交1万份报告应该足够了。雷亚先生苦笑了一下，他说："去年我们仅为匹兹堡东部的铁路线就做了11.4万份报告！"

▷ ‣ 改革还是革命？

这还只是一家公司需要上交的一部分报告！由此推算到全国的所有铁路公司，我们就会看到官僚主义的文牍主义是怎样地阻碍了大型公用事业的手脚，损害了它们的效率。多亏了《道斯法案》① 的颁布，我们才刚刚开始为华盛顿的商业管理方法注入了一点常识性。然而，该法案显然也是只触及了问题的表面。我们需要的改革几乎相当于一场革命。因为我们必须看到，商业部和劳工部（只列举此两例）正在向全国的商业界索取更多的信息、数据、报告，从而浪费它们更多的时间。

▷ ‣ 障碍及其后果

这是一种自我强加的障碍，我们只能怪自己。再看看塔夫脱总统12年前在就职演说中说过的话吧：谁能让辛巴达摆脱海老人的纠缠？只要政治家们仍然可以设置海老人一样的障碍，我们怎么还能期望商业出现全面繁荣或者铁路行业恢复到过去那种活力和发展势头？我们都受到了这些障碍的打击。内布拉斯加的农民不得不焚烧谷物，因为谷物比煤还要

---

① 《道斯法案》又称《道斯法令》《道斯土地分配法》，1887 年 2 月 8 日美国国会为同化印第安人而通过的土地法令。

便宜。它们还打击了我们的对外贸易，我们这个世界煤炭储量最丰富的国家沦落到从英国进口煤炭。英国甚至已经取代了美国在第一次世界大战后建立起来的外贸地位。国会对商业的态度不仅仅是其对铁路公司的不正常偏见的延续，分析来看几乎是阻碍个体成功、剥夺个人财富的思想。立法部门攻击商界并不是因为投机活动的危险性，而是因为某些个人在国家的发展过程中可能会变得富有。如果他们让这些人陷入贫穷，势必将导致整个国家的贫穷。难道我们还要走克利夫兰总统第二届政府的老路吗？难道那不是个民粹主义思想与萧条并存，人们对自己完全失去信心的年代吗？当现在的牛市已经登顶并开始发出熊市的信号时，我们又将遇到什么呢？

　　《股市晴雨表》首次以连载文章的形式发表在《巴伦周刊》杂志专栏里时，并未采用后来出版成书时采用的章节顺序，其中大部分文章是在 1921 年下半年完成的。实际上，笔者起初对道氏价格理论进行研究时并没有出书的打算。像笔者这种不可救药的记者更愿意把撰写这个系列的文章看作报社分派的一项任务。在某种程度上，本书与同时代的评论文章具有同样的特点，其中的一些重要章节尤为突出，如第十五章《一条"曲线"和一个实例：1914 年》。这篇文章在交稿给《巴伦周刊》杂志的编辑时，用以阐释与现在的样子完全不同的一条曲线。

▷▸ 用以阐释的"曲线"

　　所有研究平均指数的人都知道这样一条广泛适用的规则：日平均指数形成的一条"曲线"能够反映筹码分散或集中状

况；在饱和点或稀缺点出现以后，平均指数在曲线上下的运动就显示未来股市运动的重要指征。显然，如果股价上涨突破一条代表着多个交易日波动幅度不超过 3 点的平均指数"曲线"，就表明波动的股票供给已经枯竭，必须抬高价格才能吸引新的卖家。与此相反，如果股价跌破这条曲线，则表明股票供给达到了我们熟悉的饱和点，乌云就会化作雨水。随后的市场将会衰退，直到股票价格能够重新吸引买家入市为止。

  本书第十五章的文章交给《巴伦周刊》杂志编辑时，股市正处于一次大熊市底部。笔者最初选来用于说明问题的曲线在当时正在形成。虽然笔者非常愿意让道氏理论和自己的观点经受严格的检验，但杂志编辑仍然认为这种预测太过大胆。如果当时采用了笔者最初选择的那条曲线，其结果将是对道氏理论的一次极好的验证。然而笔者接受了编辑谨慎的建议，于是采用了一条显示第一次世界大战爆发前 1914 年 5 月、6 月、7 月这 3 个月期间股市活跃程度，或者说股票不活跃程度的曲线。无论是从历史角度还是从本书出版后的权威性来看，这个选择毫无疑问也是正确的。让笔者感到满意的是，本书取得了应有的地位，发行量超过了出版商保守估计的几倍之多。

  本书把道氏理论应用到现实的市场之中，并且以最肯定的方式预测到了在《巴伦周刊》杂志专栏发表笔者文章期间形成的大牛市。现在这个事实已经广为人知，因此也不值得大惊小怪了。一直有人希望笔者在这次的新版本中加入一些最新的话题，指出道氏理论在《股市晴雨表》初版至今的 3 年中得到了哪些验证或修正。这些话题应该能够引起读者的兴趣，并且能使他们受益。虽然有必要从这些专栏文章以及《华尔街日报》刊登的相关文章中选出几例进一步阐明自 1922 年以来成功应用道氏理论的方法，但笔者仍希望毕生的幽默感能够使自己避免吹嘘在预言方面的灵感。

▷‣ 几次成功的预测

自从《股市晴雨表》出版以来，股市已经经历了一次主要的上升运动（大牛市），其间工业股票平均指数在 1921 年 8 月 24 日到 1923 年 3 月 20 日之间的涨幅超过了 61 点，铁路股票平均指数也由 1921 年 6 月 20 日的 65.52 点上升到 1922 年 9 月 11 日的 93.99 点，或者说上涨了 28.47 点。当工业股票平均指数于 1923 年 3 月达到顶点时，铁路股票平均指数也仅比最高点低了 3 点左右。《华尔街日报》和《巴伦周刊》对这次牛市的观点都非常明确，前者在 1922 年 2 月 11 日发文指出："市场目前的主要趋势是上升的。"文章的最后一段意味深长地表示：

> 因此我们对询问者的回答是，我们仍处于牛市之中，而且这轮牛市应该还会持续下去，可能持续到 1923 年，一定时间内肯定会大大超越其预测到的整体商业状况好转的程度。

这篇文章观点非常明确，不仅通过道氏理论对股市走势进行了阐释，还预见到了在晴雨表上升之后将会出现的整体商业状况的好转。当 20 只工业股票上涨 26 点以后，或者说在随后的 6 月份，《华尔街日报》又登文指出："我们没有理由认为目前的牛市将在几个月内登顶。"请注意，这次牛市行情实际上一直持续到了 1923 年 3 月。1922 年 5 月 8 日，文章留意到股市走势形成了一条新的曲线，但没能据此得出任何熊市即将来临的结论。到了 5 月 22 日，牛市卷土重来，于是《华尔街日报》再次刊文提出牛市"很可能持续到 1923 年"的说法。笔者记得，自己曾于 6 月 16 日在波士顿接受采访时反复强调股市很可能继续呈上升趋势发展下去，假如在此时出现一次次级下跌反而更加利好。《华尔街日报》7 月 8 日发表的"股价运动研究"专栏文章注意到铁路股票平均指数有上涨调整的趋势，但是随后又写道："即使在这种条件下，我们仍然可以认为两个板块的平均指数都明确地呈现出牛市的特征。"

▷ ▸ 次 级 下 跌

笔者曾在本书的其他章节中指出，预测次级下跌是要冒风险的，本书并不鼓励这样做，尽管《华尔街日报》和《巴伦周刊》在 9 月份开始寻找次级下跌的行情，并在 9 月 19 日确实发现了。嘲笑者们，尤其是把握市场失误的人们，可能认为这只能算是碰巧猜对了。但是不管怎样，在 9 月 30 日工业股票平均指数从牛市的最高点下跌了近 6 个点，而铁路股票平均指数的跌幅也超过了 4 个点。10 月 18 日的"股价运动研究"专栏表示：

> 在经过一次典型的次级下跌之后，今天的股票市场已经清晰显示出重新恢复产生于 1921 年 8 月的牛市上升趋势。

这类预测实例举不胜举，一一列举会使人感到乏味，笔者更喜欢将它们称之为推论。11 月 3 日，《华尔街日报》再次发文得出了牛市的推论。最迟到 1923 年 1 月 16 日，虽然当时仍在讨论这次"漫长但绝非史无前例的次级下跌"的话题，但是得出的主要推论还是股市正处于主要的上升趋势。

▷ · 短暂的熊市运动

为方便起见，我们可以说工业股票平均指数在 1923 年 3 月达到顶点之后出现了一次短暂的熊市运动。4 月 4 日，"股价运动研究"专栏发文提请公众注意由一条分散线推断出的熊市指征。从总体上看，这次熊市没有持续很长时间，但值得注意的是，虽然对"股价运动"的研究承认出现了熊市，但是承认这是一次主要熊市运动的过程是缓慢的，因为这次熊市行情明显受到了之前发展缓慢的牛市影响，而且这次股市下跌的形态仍然很像是牛市中的次级下跌。工业股票平均指数于 1923 年 10 月 27 日达到熊市最低点，总共下跌了 20

点；就在这一天，铁路股票平均指数的总跌幅也超过 17 点，而它的最低点实际出现在 8 月初。为了方便记录，我们一直把这次显著的短期下跌称为主要熊市运动，但是认为目前这轮牛市行情始于 1921 年的股市好转也未尝不可。当年《股市晴雨表》正以连载文章的形式发表，并被指责无耻地宣扬牛市。

▷ ‣ **税 收 的 影 响**

毫无疑问，一种全新的股市影响因素也在平均指数中有所反映。1923 年，国会在整个夏季会议不断。《华尔街日报》在 8 月 29 日发文，仔细研究了通过政治手段进行危险的商业干预扭曲商业本身的晴雨表功能或者导致商业在很大程度上丧失晴雨表功能的方式。当时的所得税和附加税税率都处于最高点，《华尔街日报》指出：

> 股市晴雨表在过去几个月里受到一种之前在牛市中从未出现过的力量的影响，因而预测结果出现偏差，这种力量就是超额累进所得税的累积效果。
>
> 经纪人可以告诉我们，在过去任何可比强度的股市运动中，大股东多么稳定地出售分红型普通股（两种平均指数包含的 40 只股票中有 30 只属于分红型普通股）。虽然这个因素在 1921 年秋季牛市开始的时候就已经产生了，但称之为新因素也是正确的。股市晴雨表的全部理论都是以这样一个假设为基础的：即股票所承受的压力只能预测整体

商业中即将出现的变现行为。然而现在，自平均指数问世

以来首次出现了一种与未来事件毫无关系的股票抛售压力。

　　这就好像是在温度计的水银球上放了一块热炭或冰块。虽然我们对国会能使税收回到正常状态不能抱太大的希望，但是目前的状况终归会不治而愈，只不过所需的时间我们无法估计。只要 20 只表现活跃的铁路股票和 20 种工业股票中的每一只股票都由广大股东分散持有（将像宾夕法尼亚铁路公司的股票由每个股东平均持有 50 股），股市就能最终回归正常状态。

　　"任何有钱人都无法承担持有回报率只有 6％的普通股的成本，不但因为他们的投资回报中有一半以上要上缴给税务官员，而且持有股票还会提高他们其他收入的所得税税率。因此，他们一直是过去几个月中稳定的卖主；而且这是一种报复性的'内部'抛售股票行为。从某种意义上说，这种行为是经过周密考虑的，但是显然并不需要预测商业的基本走势。国会强行执行的这种荒唐的税收制度不仅给我国的商业发展设置了障碍，还会破坏商业晴雨表的预测功能。"

　　国会目前正在逐渐消除这种暂时性的影响，但是各州的税收制度必然仍在产生一些不容忽视的作用。

▷‣ 一轮新的牛市

　　笔者不能虚伪地说自己真的希望从未写过《股市晴雨表》，但是想真诚地告诉读者，笔者曾遗憾地目睹了信息贩子和股市骗子们为支持他们凭借自己对平均指数基本原则的一知半解而得出的谬误结论而肆意篡改道氏理论。1924 年 2 月 4 日，《华尔街日报》终于对信息贩子的胡乱叫嚣忍无可忍，发表社论对价格运动进行讨论：

> 根据平均指数解读方法，也就是道氏理论，股市在经历了持续时间只有 8 个月、历史上最短的熊市运动之后，现在又在形成新的一轮牛市。考虑到目前股票运动处于低位，可以推断这次牛市从 11 月 1 日开始。但是，当去年（1923 年）的 12 月工业股票和铁路股票平均指数都形成了一条历史上最一致的上行集中线以后，股票市场向牛市的转折才刚刚开始。

这篇社论中指出了一个非常令人满意的牛市成因，即股票交易价格严重低于价值，并且还没有提前消化商业正常扩张的可能性。这一次，晴雨表又做出了正确的显示。不久，商业扩张如期而至，并且一直到下半年才逐渐减弱下来。有趣的是，这次商业扩张的减弱恰好遇上两种平均指数出现的深度次级下跌，工业股票平均指数由 8 月 20 日的 105.57 点跌至 10 月 14 日的 99.18 点，而铁路股票平均指数同期的跌幅则超过 6 点，两个平均指数都在 10 月 14 日跌到了最低点。

此后的牛市开始全速发展，在总统大选结束后立即恢复了巨大的活力。当时的许多信息贩子都建议及时抛售收取利润，并对市场进行卖空活动，理由是"利好消息已经不再有了"。在柯立芝^①实际上以大约 40：1 的选票比例击败戴维斯^②（大选前公开预测的胜率是 12：1）之后，"利好消息"实际上正是股市晴雨表早已预测到的整体商业扩张的重新开始。

▷· 技术规定已经改变

在目前的这次牛市期间颁布了一项前所未有的技术规定。以下基本上是笔者曾在其他场合对此进行的讨论：

根据道氏著名的股市三重运动理论（具体反映出于比较的目的而分别计算的工业股票和铁路股票平均指数的运动中）对股市进行的研究在预测主要上升运动及其持续时间的时候表现出了惊人的正确性，然而，目前的大牛市行情受制于一种前所未有的规定，重要的是我们必须重视这项规定的制约含义。

虽然证券交易所管理委员会很多年以前就加强了对股市交易行为的控制并取消了非上市证券部，但是直到最近才制定更严格的管理制度。证券交易所管理委员会直到过去一两年才开始要求那些最大的股票经纪人公司必须根据自有资本的规模确定账户的数量。就在不久以前，这些公司还在尽一切努力招揽合理的业务，靠自己的力量在大牛行情中尽量拓

① 　约翰·卡尔文·柯立芝（John Calvin Coolidge, Jr., 1872—1933），美国第 30 任总统，共和党籍。1924 年大选连任成功。
② 　约翰·威廉·戴维斯（John William Davis, 1873—1955），在 1924 年总统大选时被提名为民主党的候选人，但后来败给取得连任的共和党候选人柯立芝。

展更多的账户。

现在情况已经发生了巨大的变化，而且很多经纪人公司都在证券交易所规定允许的最大范围内为客户提供股票交易服务，这已经是一个公开的秘密了。它们的地位仍然牢不可破，但是已经明显地改变了自己的策略。它们在牛市中赚钱的方法是，一旦市场上升运动的趋势确定之后，就倾其所有买进股票，扩大多头账户中的盈利，并且持有尽可能多的筹码，然后在市场表现非常强劲的时候卖出股票，并弥补在不可避免的次级下跌中可能遭受的损失。

然而，经纪人公司并不希望有这类客户，因为这将意味着占用大量的资本，而且股票交易佣金几周才能挣到一笔。股票经纪人喜欢那种每天都支付佣金的客户，但是每天支付佣金对客户没有任何好处，因为靠猜测日常波动进行交易绝对不是投机，而更像是赌博。

对经纪人的这种新的规定造成的一个后果是，少量股票的买进开始广泛地用现金来支付，而有钱的客户则正在通过自己在纽约之外全国各地的银行网络为自己的多头账户集资。这就加大了确定多头账户真实规模的难度，但是也实现了前所未有的稳定性，因为在同一时间大量抛售的可能性更小了。

这种自然演变的结果可能会使整个行业的经纪业务集中到少数的经纪人公司手中，而每一家公司的运营资本都将大大超过目前认为是合理的水平。但是至少有一点是确定无疑的，即新的规定绝不会改变解读股市晴雨表的规则。

▷‣ 晴 雨 表 的 指 征

　　如果笔者在结束本章时不谈谈自己对 1925 年 8 月间晴雨表显示的指征的看法，将可能会被人认为是胆小怕事。显而易见，从目前的情况看，多头账户表现很强劲，股票分布也很合理，而且平均指数绝对没有显示任何能表明牛市达到顶点的指征。从 1923 年下半年短暂的熊市结束算起，这次主要牛市运动的持续时间并不长，而且仍然有很多股票在以明显低于其价值的价格进行交易。笔者认为，如果我们能算出一条股票的价值平均线，那么这个说法将适用于铁路板块的全部股票和工业板块的部分股票，尽管这些股票的价格已经大幅度上涨。

　　股市晴雨表的种种指征都表明，股市的上升运动趋势将一直保持到明年，尽管其间也极可能出现几次大规模的次级下跌。

　　自从《股市晴雨表》初版问世以来，迄今还没有任何事能动摇笔者对合理阐释价格运动的巨大效用的信念。这种方法对个股的分析也许是毫无价值的，除非个股只有在市场主要趋势上升时一起大幅上涨。投机者选择的某只股票可能会跟随股市上涨，但永远追赶不上。笔者并不热衷于鼓励人们在华尔街从事投机交易，但是令我感到欣慰的是，美国的商界已经注意到股市晴雨表的导向作用。尽管我们的股市晴雨表受到某些权威人物随心所欲的指责批评，但是这并未影响它继续为美国的整体商业发展提供有益的服务。

第二十二章

对投机者的几点思考

许多年前，南方某州有一项法律禁止参与任何有赌博活动。不用说，对于这样一条愚蠢的法律，人们自然是以违背它为荣，而不是以遵守它为荣。一个小城镇的治安官决心严格推行这一法律，在一个谷仓里抓捕到一群玩尤克牌的年轻人。当时的法庭程序还没有如今的这些繁文缛节。被告辩护律师虽然承认"不幸的当事人"确实在玩尤克牌，但声称尤克牌绝不是一种赌博，他这样做并没有被认为是藐视法庭。但是，由于法官和陪审团也有玩尤克牌的习惯，因此他们对律师的说法持怀疑态度。但被告方的辩护律师毫不气馁，说道："如果法官大人允许我花点时间向陪审团演示这个游戏，我确信我能说服他们，尤克牌不是赌博。"

▷ ‧ 不是赌博

这位律师的提议听起来十分公正，于是陪审团成员与辩护律师围坐在一起开始玩尤克牌。刚开始没多久，就有一些陪审团成员向他们的朋友借零钱继续玩。经过一个小时左右的演示，陪审团回到法庭，一致认定尤克牌不是赌博。

如果笔者不在这里讨论一下投机问题，不向投机者们提出一些实用建议的话，本书的内容就是不完整的。投机必然涉及很大的机会因素，但往往正是投机者自己把投机变成了纯粹的赌博。笔者无从得知上面故事中辩护律师是如何说服陪审团相信玩尤克牌不是赌博的，但可以肯定如果一个外行人要是带着"投机就是赌博"的愚蠢想法涉足华尔街，那么华尔街的专业人士就能轻而易举地向他们演示"投机并不是赌博"。

▷ ‧ 晴雨表的真正保护作用

我们已经反复强调，道氏股市三种运动理论并不是一种战胜股市的理论体系，更不是一个将华尔街变成汤姆·迪德勒（Tom Diddler）自家地盘的快速致富方案，任何人只要缴纳一点保证金就能赚得金银。但是，如果今天的聪明投机者（很多会成为明天的聪明投资者）无法通过认真研究股票市场晴雨表来找到在股市中保护自己的方法，那么这些关于投机交易的章节在这方面就是失败的。如果今天的聪明投机者已经正确地理解了股市的主要运动，那么他就已经获得了一点切实的好处。但是，如果他只是听信了一个华尔街朋友透露的关于某只从未听说过的股票的消息，而不去确定大盘是否处于主要上升或是下降运动趋势就涉足华尔街，那么他很可能就赔光所有的保证金，根本没有机会"展开金钱的角逐"。当然，如果他已经领会了市场运动的含义，并且能够抓住牛市行情出现典型次级回调后平淡期出现的机会，那么赚钱的概率就会大大增加。到底能获取多少利润取决于一系列因素，而那些明显没有重视这些因素的人在华尔街只会一路赔钱。这些人会在他们余生的时间一直谴责证券交易所就是个赌场。

▷‣ 投 机 与 赌 博

对这些人来说，所有的股票看起来都一样。但它们其实不一样。对于保护机制完善的投机交易，拥有良好市场基础即顺利发行、广泛持有的股票，如美国钢铁公司普通股，和场外交易市场中最新发行流通的汽车和石油公司的股票有着天壤之别。后者可能也是好股票，但是无论新公司的业务计划还是股票的市场表现都还未经受过股市的检验。

外行人士买进场外市场的股票时一般会直截了当地进行交易，这是一条基本规律。用保证金购买股票很大程度上具有赌博的性质，但读者无意对赌博的道德性质品头论足。除非将赌博归为一种贪婪，否则据笔者所知，"十诫"里并没有提到赌博。笔者认识一位圣公会主教，我们有时还会打竞叫桥牌玩点小钱，但这并不意味着笔者又多造了一点罪孽。但是，业余交易者完全不知道证券公司为他买进卖出的是什么，而交易又发生在一个由那些想要卖出股票的人操纵的虚假市场里，这样的保证金交易完全是在赌博。选择在这样的市场中进行投机人应该把自己的冒险行为看作赌马一样。他们应该确保像在赌马下注一样把损失控制在自己能够承受的范围内。

投机是另一回事，笔者希望投机作为一种本能永远潜伏于美国人的脑海里。如果某一天美国人不投机了，甚至禁令延伸至不许冒任何风险，那美国人可能会变得"温顺不折腾"，但却是一种消极的"不折腾"。如果你走进华尔街，在百老汇停下脚步，透过纽约三一教堂的墓地的栏杆，你看到的全是"不折腾"的美国人。投机死去的那一天，美国也将死去。

▷‣ **选 择 股 票**

假设一个外行人已经研究了股票市场主要运动的性质和市场趋势，他的下一步是选择股票。如果他想要速战速决赚快钱，就不会愿意费力去搜寻和了解关于他想要投资的那只股票的详细信息。

有一个实用的判断规则是，在一只股票还没有形成永久性市场之前，小投机者根本不应该用保证金进行这只股票的

股市晴雨表·第二十二章

262

交易。这种股票一般是刚发行不久的新股，或者是众所周知的半数以上股份由公司决策者持有的股票。这当然是一个追求完美的忠告，但至少小投机者应该给自己制定一个原则，在这类风险中只需点到即止，如果必要的话自筹资金购买。

当股票在证券交易所上市时，通常它已经有一个可靠的市场，尽管还存在少数人持有太多股份的风险，就像美国斯图兹汽车公司的股票一样。这样的股票最好是不入手，除非投机者自己事业的性质让他有机会获得特殊信息，他才能把钱投资在这类股票上，而且他要确保保证金十足充裕。

▷‧ 关于保证金

这就将我们带向了保证金的问题。华尔街上许多不必要的损失是因为完全误解了多少才是足够的保证金。四处寻找商机的经纪人们会告诉初涉华尔街的新人，如果他们能向经纪行担保在市场波动时保证金照付，那么只需要缴纳 10％的保证金就足够了。这一保证金其实是不够的，或者说还差一点才够。21 年前，查尔斯·H. 道指出，"以 10％的保证金购买 100 股股票，在损失达到交易账户净资金的 2％时止损（即 2％亏损原则），那加上佣金的话这个人也损失了近 1/4 的交易资本"。显然他用不了多久就会出局。查尔斯·H. 道非常谨慎，但他的话并不偏颇。他指出，如果这个人当初以 10 股为单位买进，虽然也会受到巨大损失，但是只要他当初认为股价严重低于价值的推测是正确的，那么平均下来，他最终仍然稳赚不赔。显然，一个仅有 1000 美元资本的交易者不会一开始就购买 100 股股票，除非这只股票的价格非常低。曾经有一段时间，美国钢铁公司普通股价格低于每股 10 美元，就属于这种情况。

▷ ‣ 小交易员和大操盘手

小交易员还有另一个误区。他们往往认为自己应该分批买进想买的股票，当股票每下跌 1 点时逐渐买进股票，直到买足自己预期的数量为止。但是为什么不以最低的价格一次性买进呢？如果他打算以 20 股为单位共买进 100 股股票，并预期股市将下跌 5 个点，那么他实际上是与自己最初决定交易时的初衷自相矛盾。他没有全面考虑这笔交易，如果股票将下跌 5 个点，那么这次买进就不会像他想象的那么明智。的确，杰伊·古尔德这种大操盘手会采用这种方法分批买进股票，但是他们并不做保证金交易，除非他们的资本是通过自家的银行筹措的。而且他们的这种交易是经过深思熟虑的，但是这对那些希望在华尔街小试牛刀的小投机者来说根本遥不可及。况且，杰伊·古尔德这种大操盘手身份本来就能为他想买进的股票增值。他们深知在牛市不可能如愿以偿尽数买到想买的股票，但是他们可以在大熊市期间买下一家公司的股权。

小投机者承担不起照这种想法行事的后果，除非他将放在其他业务上的注意力全部放在股票交易上。确实有很多人这样做，笔者在前文的讨论中也列举了他们成功的例子。但是，我们现在讨论的是那些依靠自己的判断力进行投机交易同时也从事其他事业的人。这类投机者只要具备一点股市常识，总能得到一个公平竞争的机会。一个不太熟的朋友告诉他"买 100 股 A. O. T. 股票，什么都别问"，如果他听信了这句话，并且拿他仅有的几千美元去冒这个险，那他赔钱了也没必要抱怨别人。因为他是一个赌徒而不是一个投机者。如果他拿这笔钱去赌马，反而会更开心，他会在户外度过有利于健康的一天，会发现赛马比股票行情收报机有趣得多。

▷‣ 查尔斯·H.道的一句名言

1901 年 7 月 11 日，《华尔街日报》发表的一篇社论中，查尔斯·H.道写道：

"投资者无论资本大小，只要他们能现实一点，将投资回报率定为每年 12％而不是每周 50％，那么长远来看他们一定能取得更可观的利润。每个人都能够通过个人经历明白这个道理，但是那些小心谨慎掌舵商店、工厂或者房地产公司的人士似乎都认为，股票交易应该采取完全不同的方法。这样说一点也不夸张，因为事实就是如此。"

在同一篇社论中，查尔斯·H.道接着提到，投机者要避免在一开始就把自己绑在一个财务死结上。投机者应该将交易额控制在与自己资本相匹配的限度内，同时保持清醒的头脑以做出正确的判断，这样才能有足够的亏损承受能力，才能有足够的余地掉头改做其他股票，而不是在安全系数太小造成的压力下备受约束，在销户之前除了焦虑地坐以待毙没有任何回旋的余地。

这个道理现在看来依然十分精辟。进入华尔街的投机者必须学会承受损失，并且是迅速学会。笔者之前说过，在华尔街，因为骄傲自大而输掉的钱比所有因为其他原因而输掉的钱还要多。如果你买的那只股票在迅速下跌，你将无法公正地考虑所有因素，因为你正处于输掉所有资本的恐惧中，无法从一个明确、公正的角度出发进行考虑。当你被一次失败的投机困住的时候，你就像在森林里迷路的人一样，只见树木不见森林。

▷ · 避免交易不活跃股票

读者一定还记得笔者讲过的那个故事，一个年轻的交易员拒绝了杰伊·古尔德邀请他成为合作人的机会，因为他通过为古尔德执行交易订单，认定古尔德做的大都是亏本交易。这个交易员眼光不够长远，看不透这些不成功的交易都是古尔德为检验股市所做的试探。古尔德很可能在达到试探目的、捕获时机之后，又委托其他交易员进一步交易。这就说明买进偶尔活跃的股票其实有很大风险。现在，即使经纪人能暂时性地做好这种股票，但是银行抵押业务却永远不可能欢迎这种股票。

但股票经纪人本人也不知道自己以后是否还能如此方便

地卖掉这种不活跃的股票。引起这只股票运动的特殊情况也许在几天的活跃交易中被大打折扣，在一个连着几天没有一单交易成交的市场里，卖方必须做出让步才能找到买主，而买主通常是一个专业人士。这种股票根本不应该进行保证金交易。但是那些从事与钢铁贸易或纺织业密切相关的业务的人，很可能会持有伯利恒钢铁公司（Bethlehem Steel）或者美国羊毛公司（American Woolen）的股票，因为他们觉得这是一个虽然不活跃但永久的市场。

▷ › 为联合证券交易所说句好话

笔者在纽约证券交易所有很多朋友，在华尔街的其他机构也有朋友。散户经纪人主要为 100 股以内的交易提供服务，这种散户经纪行在华尔街不超过 10 家。而联合证券交易所一直为小额股票交易提供正规的市场。从各个方面来说，联合证券交易所都是一个声誉良好的机构，其会员接受的审查十分严格，与投机者选择经纪人时的考察标准相同。小额业余交易者只要选择活跃的股票，就能在联合证券交易所获得成功。这种活跃的股票是指发行已久、分散持有的股票，不像那些场外交易市场里的股票。笔者并不是说后者不好，但在场外交易市场里进行交易的股票在银行贷款中往往不受欢迎。对声称为所有客户进行 10% 保证金交易的场外交易市场，笔者保持强烈怀疑。

我们一定不能被保证金所束缚。保证金充裕固然很好，但是也要与可支配资金相匹配。对于商人或者全家依靠投资投入来生活的人而言，应该把投机损失控制在不至于极度后悔的数额内。这样说也许会不合情理，但是也有可取之处。如果我们冒着承受不起的风险去追求某种不该得到的东西，就和赌博没什么两样了。

▷ ‣ 小谈卖空

股市晴雨表对投机者的帮助体现在很多方面。投机者不能指望任何股票在整体市场表现不好时一枝独秀带来盈利，除非是在极不寻常的情况下。如果他能成功地在一次主要下跌运动偶然出现的回升中成功投机，那他一定消息非常灵通，并且具备解读市场的天赋。笔者在本书中几乎没有谈到卖空的问题。那些在牛市中卖空的人不过是为了试探市场是否会出现次级回调趋势。除非他是一个场内交易员，或者把所有的注意力都放在投机生意上，否则他肯定会亏钱的。笔者不是在谈卖空的道德问题，因为投机中根本不存在道德问题，除非是拿别人的钱赌博才是不道德的。世界上的每一个股票市场里都有大量的卖空交易。一位来自纽约的股民在旧金山旅游时，他的股票会锁在纽约银行的保险箱里。但他不可能错失有利的市场行情，待到横跨大陆回到纽约才开始交易。如果他在旧金山卖出自己的股票，就是在卖空，而且还借用了股票，直到他回到纽约才能正式交付。但是根据平均定律，由于牛市持续时间往往长于熊市，所以做多赚到的前将远远多于做空赚到的钱。卖空交易最好还是留给专业人士来做比较好，尤其是对与那些只是在市场上研究游戏规则的人而言。

▷▸ 次级下跌时买进

无论我们对股市晴雨表的研究多么透彻，都不可能绝对准确地预测熊市向牛市的转折点。正如我们前文研究市场运动时看到的那样，在一种明确的市场行情建立以前，可能会出现数周的窄幅盘整时期。这段时期不确定的波动可能会以经纪人佣金和利息的方式吞噬投机者的资本，投机者根本等不到市场转折的时候。但是一旦大牛行情形成，买进股票追涨就成了切实可行的策略。如果买进之后，股票受到大盘的次级下跌运动影响相应地下跌，那么投机者应该毫不犹豫地承担损失，并且等待次级下跌后必然出现的低迷期的来临。

这时投机者可以再次买进股票，并随着市场的上升而增加持有量，而不是按照本章前文提到过的那种错误策略随股价降低逐步买进。股价的每一次上涨都会使他的安全系数增加一分。只要他的持股"金字塔"没有建得太高，而且持有量没有过分扩张到使他成为别人攻击的目标，并且能够采用"止损"订单手段自保，那么这个投机者最终会赚到一笔数额巨大的意外之财。我们总听说很多人在华尔街赔钱的故事，但是很少听说有谁在华尔街大赚一笔的故事。以笔者的经验来看，在华尔街发财的人都不喜欢对此夸夸其谈，也不太会把自己获利的原因归功于成功的投机，他们更喜欢称之为

"明智的投资"。只要购买者能够履行合同条款，那么按揭买房和用保证金账户炒股并无太大区别。在这个伟大而浮躁的时代，人人都喜欢插手别人的事。但是笔者仍然要说，只要投机者是用自己的资源购买股票，即便是银行贷款，那么他如何交易都与他人无关。

▷ 一种赔钱的方式

还有另一类投机者也很普遍，他们因为忘记了自己进入市场的初衷而赔了钱。有一个相识的投机者来问笔者对艾奇逊普通股的看法，笔者给他分析了这条铁路线的发展前景，告诉他这家公司的利润足以用来支付股票红利，还分析了铁路线当地的总体发展前景，他得出结论，艾奇逊普通股（这里仅用于举例）便宜，就买进了一些。如果他向经纪人交足了保证金，能够全额缴清股款而且不受股市波动的干扰，那么他很可能会赚钱。

但他听到了很多小道消息，诸如"交易员抛售""国会调查""铁路工人威胁罢工""农业减产"之类的。他忘记了市场在对股票预期价值的广泛估计中已经考虑到了这一切。一个小小的波动就让他变得紧张，承担损失，他决定不再问笔者的意见。笔者希望他这个决定是来真的，但可惜并不是，他后来又来找我，他根据别人的意见做了一些判断，他希望我给点评价。

▷ 另一种赔钱的方式

在华尔街还有另一种方式很容易就赔钱了。投机者被告知市场即将出现一波短促行情的可靠消息，某只股票可能会因此上涨 4 个点。他注意到这只股票的确表现活跃，但忽视了预期的 4 个点涨幅已经有 1.5 个点在股价升高中表现出来了。犹豫了一段时间之后，他还是买进了这只股票，但这时几乎错过了有利行情。最终他只获得了微薄的收益，市场就归于平淡了，此时这波行情已经结束。专业人士的注意力转向了其他股票，此人买入的股票随大盘下跌。但他仍然执迷不悟地持有着，没有意识到自己已经错过了机会。如果他能理智地看待整件事情，他相当于是以较小的代价换来一个颇具指导意义的教训。

这时他又重蹈覆辙，就像之前根据股票的永久价值买进股票一样，又忘记了自己买进这只股票的初衷。如果他预期的那波特殊行情没有出现，他就应该接受亏损或者让他失望的微薄利润，等待另一个机会。但笔者认识的大多数投机者的问题是，他们不仅健忘，还缺乏耐心。他们一直在广泛涉猎而不是深入钻研，迟早他们会被炒股账户缠住不能脱身，他们的全部资本被套牢或掏空。随着市场运动的浪潮退去，他们只能眼睁睁地看着自己的股票账户被搁浅。

▷‣ 最后一个想法

现在终于到了我们对股市晴雨表讨论的尾声。凭良心说，笔者从未鼓动任何心理脆弱的人进股市赌博，也从未蛊惑任何资质愚蠢的人一天内赔光身家。我们每个人都是行为的自由主体，尽管各种各样的立法约束了人的自由，但法律同时也赋予了我们应该享有的自由。我们能想象出，可能会颁布禁止投机的法律，不过这样的法律无疑会让美国的商业陷入瘫痪。但我们无法想象，会有哪条法律强迫一个不愿意炒股的人去华尔街进行交易。本书的目的就是告诉读者如何保护自己，至少让他觉得自己合理运作资金参加了一场公平的竞赛，并在竞赛结束时赢得收益。

▶ 附　录

道琼斯指数记录（截至 1925 年 8 月 31 日）

　　1884 年道琼斯公司开始发布几只活跃且最具代表性的公司的股票的收盘价格。以下公司的股票是最早列入的：

芝加哥和西北运输公司

联合太平洋铁路

特拉华、拉克瓦纳和西部铁路公司

密苏里太平洋铁路

湖岸铁路

路易斯维尔和纳什维尔铁路公司

纽约中央铁路

太平洋邮政

圣保罗集团

西部联合公司

北太平洋铁路

1884 年 7 月 3 日，11 家公司的平均股价是 69.93 点。这是在档案中找到的最早的平均股价。11 只股票中，有 9 只是铁路公司的股票。

以下是一份完整的记录，时间从 1896 年至今。

铁路公司

1897 年 1 月囊括的铁路公司股票包括：

艾奇逊公司

密苏里—堪萨斯—德克萨斯铁路公司

伯灵顿公司

密苏里太平洋铁路公司

克利夫兰、辛辛那提、芝加哥和圣路易斯铁路公司

纽约中央铁路公司

切萨皮克和俄亥俄铁路公司

西北太平洋铁路公司

芝加哥和西北运输公司

纽约、安大略和西部铁路公司

伊利铁路公司

雷丁铁路公司

新泽西中央铁路公司

罗德岛铁路公司

湖岸铁路公司

圣保罗集团

路易斯维尔和纳什维尔公司

西南铁路公司

曼哈顿高架铁路公司

沃巴什铁路公司

此后变化如下：

1898 年 7 月，大都会铁路公司、联合太平铁路公司普通股和北太平洋公司普通股，被湖岸铁路公司，纽约、安大略和西部铁路公司和北太平洋公司优先股取代。

1899 年 7 月，布鲁克林捷运公司，丹佛和里奥格兰德铁路公司优先股，诺福克和西部铁路公司优先股，被大都会铁路公司、雷丁铁路公司和伊利铁路公司取代。

1900 年 7 月，南太平洋铁路公司普通股和联合太平洋铁路公司优先股，被沃巴什铁路公司、诺福克和西部铁路公司优先股取代。

1901 年 6 月，巴尔的摩和俄亥俄铁路公司、伊利诺伊中央铁路公司、南方铁路公司普通股和宾夕法尼亚公司，被伯灵顿公司、南太平洋铁路公司普通股、南方铁路公司优先股和北太平洋公司普通股取代。

1902 年 9 月，雷丁铁路公司、加拿大太平洋铁路公司、特拉华和哈德逊铁路公司、明尼阿波利斯和圣路易斯铁路公司，被密苏里、堪萨斯和德克萨斯铁路公司优先股，罗德岛铁路公司，切萨皮克和俄亥俄铁路公司，新泽西中央铁路公司取代。

1904 年 5 月 18 日，南太平洋铁路公司普通股被明尼阿波利斯和圣路易斯铁路公司取代。

1904 年 6 月 27 日，沃巴什铁路公司优先股，大都会铁路公司，被克利夫兰、辛辛那提和圣路易斯铁路公司，丹佛铁路公司优先股取代。

1925 年 4 月 12 日，伊利铁路公司被沃巴什铁路公司优先股取代。

1905 年 5 月，北太平洋铁路公司普通股、诺福克和西部铁路公司，被曼哈顿铁路公司、联合太平洋铁路公司优先股取代。

1906 年 5 月 4 日，双城快速公交公司被大都会铁路公司取代。

1912 年 4 月 25 日，罗德岛铁路公司和利哈伊谷公司，被布鲁克林捷运公司、双城快速公交公司取代。

1914 年 12 月 12 日，切萨皮克与俄亥俄铁路公司，堪萨斯城南方铁路公司，纽约、纽黑文和哈特福德铁路公司，被芝加哥和北方铁路公司、密苏里太平洋铁路公司、罗德岛铁路公司取代。

1924 年 4 月 10 日，特拉华、拉克瓦纳和西部铁路，圣路易斯西南铁路，被堪萨斯城南方铁路、利哈伊谷公司取代。

现在（1925 年 8 月 31 日）铁路公司股票名单如下：

艾奇逊公司

伊利诺伊中央铁路公司

雷丁铁路公司

巴尔的摩和俄亥俄铁路公司

路易斯维尔和纳什维尔铁路公司

圣路易斯西南铁路公司

加拿大太平洋铁路公司

纽约中央铁路公司

圣保罗集团

切萨皮克与俄亥俄铁路公司

纽黑文

南太平洋铁路公司

特拉华和哈德逊铁路公司

诺福克和西部铁路公司

南方铁路公司

特拉华、拉克瓦纳和西部铁路公司

北太平洋铁路公司

联合太平洋铁路公司

伊利铁路公司

宾夕法尼亚铁路公司

计算的单位

最初的报价都是以面值的百分比为计算单位。1915 年 10 月 13 日，证券交易所规定所有股票交易都以美元作为每只股票的单位。为了保证宾夕法尼亚铁路公司、雷丁铁路公司和利哈伊谷公司股票指数的稳定（它们的股票面值都是 50 美元，曾经都是用百分比报价），它们的市场报价均翻倍。利哈伊谷公司已经被移除名单了，没有报价翻倍的必要，仅宾夕法尼亚铁路公司和雷丁铁路公司翻倍，所有的铁路股票在这次调整中都既用百分比又用美元计价。

工业股票

1897 年 1 月的 12 只工业股票是：

美国棉油公司

拉克莱德天然气公司

美国精神烟草公司

国家铅公司

美国糖类公司

太平洋邮政公司

美国烟草公司

标准缆线公司

芝加哥燃气公司

田纳西煤铁公司

通用电气

美国皮革公司

此后变化如下：

1897 年 11 月，人民燃气公司被芝加哥燃气公司取代。

1898 年，美国橡胶普通股被通用电气取代。

1899 年 4 月，大陆烟草、联邦钢铁、通用电气、美国钢铁和金属，被美国精神烟草公司、美国烟草公司、拉克莱德天然气公司和标准缆线公司取代。

1901 年 6 月,联合铜业公司、美国冶炼和精炼公司、国际纸业公司优先股、美国钢铁公司普通股、美国钢铁公司优先股,被美国棉油公司、联邦钢铁公司、通用电气、太平洋邮政公司和美国钢铁和金属取代。

1902 年 1 月,美国车厢铸造公司和科罗拉多煤铁公司,被大陆烟草和国际纸业公司优先股取代。

1905 年 4 月,美国橡胶第一优先股被美国皮革公司优先股取代。

1907 年 11 月,通用电气被田纳西煤铁公司取代。

1912 年 5 月,中央皮革普通股被科罗拉多煤铁公司取代。

受一战影响,股票交易所于 1914 年 7 月 31 日关闭,当时的股票名单为:

联合铜业公司

国家铅公司

美国车厢铸造公司

人民燃气公司

美国冶炼精炼公司

美国橡胶公司

美国糖业公司

美国橡胶第一优先股

中央皮革公司

美国钢铁公司

通用电气公司

美国钢铁优先股

1915 年 3 月，通用汽车被美国橡胶第一优先股取代。

1915 年 7 月，蟒蛇铜业公司被联合铜业取代。

1916 年 9 月，一份 20 只工业股票（普通股）的名单代替了之前的 12 只股票的名单。国家铅公司、人民燃气公司、通用汽车和美国钢铁优先股被移除，12 家新公司加入：

美国甜菜糖公司

通用电气公司

美国罐头公司

古德里奇公司

美国车厢铸造公司

共和国钢铁公司

美国机车公司

斯杜贝克公司

美国冶炼精炼公司

德克萨斯公司

美国糖业公司

美国橡胶公司

美国电话电报公司

美国钢铁公司

蟒蛇铜业公司

犹他铜业公司

鲍德温机车公司

西屋电气与制造公司

中央皮革公司

西联电报公司

所有报价以美元为单位

此时（1916 年），证券交易所报价单位美元全面代替百分比，所以犹他铜业公司 10 美元的面额和西屋电气与制造公司 50 美元的面额没有立刻对新的道琼斯指数造成混乱。但是，为了让工业指数保持连贯，20 只新股票的计算方法被记录为 1914 年 12 月 12 日股票交易所因战争停止交易后重新开放的那天，以便于现在公布的指数看起来是 20 只新股票从 1914 年 12 月 12 日当天就开始使用美元为单位。

此后发生了以下变化：

1920 年 3 月 1 日，玉米制品公司被美国甜菜糖公司取代。

1924 年 1 月 22 日，美国烟草公司、杜邦公司、麦克货车公司和西尔斯罗巴克公司，被玉米制品公司、中央皮革公司、古德里奇公司和德克萨斯公司取代。

1924 年 2 月 6 日，加利福尼亚标准石油公司被犹他铜业公司取代。

1924 年 5 月 12 日，斯图贝克公司无面额股票和沃尔沃斯 25 美元面额股票，被老斯图贝克公司和共和国钢铁公司取代。

1916 年，12 只工业股票调整为 20 只之后，德克萨斯公司将它的股票面额从 100 美元调整为 25 美元。之后，美国机车

公司将其股票面额由 100 美元调整到无面额，每一只旧股发行
两只新股。斯图贝克公司将股票面额由 100 美元改为无面额，
每一只旧股发行 2.5 只新股。德克萨斯公司、美国机车公司和
斯图贝克公司的调整造成的混乱带来一轮新变化。

德克萨斯公司和玉米制品公司被踢出名单，美国机车公
司保持了新的报价。1924 年 1 月 22 日的这些变化适应了当时
的报价，星期二旧股票的收盘价是 97.41 点，新股票的收盘价
是 97.23 点，新旧收盘价均以美元计价。

这使得 1924 年 7 月的工业股票名单变更为：

美国罐头公司

通用电气公司

美国机车铸造公司

麦克货车公司

美国机车公司

西尔斯罗巴克公司

美国冶炼精炼公司

加利福尼亚标准石油公司

美国糖业公司

斯图贝克公司

美国电话电报公司

美国橡胶公司

美国烟草公司

美国钢铁公司

蟒蛇铜业公司

沃尔沃斯公司

鲍德温机车公司

西屋电气与制造公司

杜邦公司

西联电报公司

1925 年 8 月 31 日，通用汽车公司、国际收割机公司、肯尼科特公司、德克萨斯公司和美国房地产公司，被蟒蛇铜业公司、杜邦公司、加利福尼亚标准石油公司、斯图贝克公司取代，移出工业股票名单。

现在（1925 年 8 月 31 日）工业股票名单如下：

美国罐头公司

肯尼科特公司

美国车厢铸造公司

马克卡车公司

美国机车公司

西尔斯罗巴克公司

美国冶炼精炼公司

德克萨斯公司

美国糖业公司

美国房地产公司

美国电话电报公司

美国橡胶公司

美国烟草公司

美国钢铁公司

通用电气公司

西联电报公司

通用汽车公司

西屋电气与制造公司

国际收割公司

沃尔沃斯公司

　　名单中的所有股票都是普通股。美国车厢铸造公司和美国烟草公司经过 1924 年的资产重组之后，每一只旧股发行 2 只新股，这导致了报价的上升。为了保证平均指数的稳定，很有必要将美国车厢铸造公司和美国烟草公司的股价翻倍，就像宾夕法尼亚铁路公司和雷丁铁路公司那样。

　　平均指数采用股票的收盘价格计算。如果某只股票当天没有产生交易，则采用前一交易日的收盘价。20 只铁路股票的收盘价相加求和，其中宾夕法尼亚铁路公司与雷丁铁路公司股票收盘价需要乘以 2，之后再除以 20，得出铁路平均指数。20 只工业股票的收盘价相加求和，其中美国车厢铸造公司与美国烟草公司股票收盘价需要乘以 2，之后再除以 20，得出工业平均指数。

图书在版编目（CIP）数据

股市晴雨表：道氏理论深度解析／（美）威廉·汉
密尔顿著；谢真真，江海译. —成都：四川人民出版社，
2019.3

ISBN 978－7－220－11240－9

Ⅰ.①股… Ⅱ.①威… ②谢… ③江… Ⅲ.①股票
市场－研究 Ⅳ.①F830.91

中国版本图书馆 CIP 数据核字（2019）第 031863 号

GUSHI QINGYUBIAO：DAOSHI LILUN SHENDU JIEXI

股市晴雨表：道氏理论深度解析

（美）威廉·汉密尔顿 著
谢真真 江 海 译

责任编辑	何佳佳
封面设计	李其飞 张群英
版式设计	戴雨虹
责任校对	梁 明
责任印制	王 俊

出版发行	四川人民出版社（成都槐树街 2 号）
网 址	http://www.scpph.com
E-mail	scrmcbs@sina.com
新浪微博	@四川人民出版社
微信公众号	四川人民出版社
发行部业务电话	（028）86259624 86259453
防盗版举报电话	（028）86259624
照 排	四川胜翔数码印务设计有限公司
印 刷	成都东江印务有限公司
成品尺寸	147mm×210mm
印 张	9.25
字 数	183 千
版 次	2019 年 4 月第 1 版
印 次	2019 年 4 月第 1 次印刷
书 号	ISBN 978－7－220－11240－9
定 价	68.00 元

我社已出版股票书目

135 战法系列（之三）：巅峰对决/宁俊明　著

135 战法系列（之四）：下一个百万富翁/宁俊明　著

135 战法系列（之五）：实战大典/宁俊明　著

135 战法系列（之六）：过关斩将/宁俊明　著

135 战法系列（之七）：与庄神通/宁俊明　著

135 战法系列（之八）：资金布局/宁俊明　著

盘口语言解密与实战/毕全红　著

新盘口语言解密与实战/毕全红　著

短线是银（之一）：短线高手的操盘技巧/唐能通　著

短线是银（之二）：短线高手实战股谱/唐能通　著

短线是银（之三）：短线高手制胜的 54 张王牌/唐能通　著

短线是银（之四）：十万到百万/唐能通　著

短线是银（之五）：头部不再套/唐能通　著

短线是银（之六）：炒股实战真功夫/唐能通　著

短线是银（之七）：挑战炒股极限/唐能通　著

短线是银（之八）：跟我练/唐能通　著

股市天经（之一）：量柱擒涨停/黑马王子　著

股市天经（之二）：量线擒涨停/黑马王子　著

伏击股市系列（之一）：超级大布局/帅龙　著